毕宝魁 ■ 主编

唐宋八大家故事丛书

苏洵故事

张桂琴 ■ 著

長春出版社

全国百佳图书出版单位

图书在版编目(CIP)数据

苏洵故事 / 张桂琴著. — 长春:长春出版社,
2013.1(2016.8 重印)
(唐宋八大家故事丛书 / 毕宝魁主编)
ISBN 978-7-5445-2607-4

Ⅰ. ①苏… Ⅱ. ①张… Ⅲ. ①苏洵(1009~1066)—
生平事迹—通俗读物 Ⅳ. ①K825.6-49

中国版本图书馆 CIP 数据核字(2012)第 270836 号

苏洵故事

著　　者:张桂琴
责任编辑:孙振波
封面设计:尹小光

出版发行:長春出版社　　总编室电话:0431-88563443
发行部电话:0431-88561180　　邮购零售电话:0431-88561177
地　　址:吉林省长春市建设街 1377 号
邮　　编:130061
网　　址:www.cccbs.net
制　　版:渲彩工作室
印　　刷:长春市利源彩印有限公司
经　　销:新华书店

开　　本:165 毫米×230 毫米　1/16
字　　数:108 千字
印　　张:11.75
版　　次:2013 年 1 月第 1 版
印　　次:2016 年 8 月第 2 次印刷
定　　价:23.00 元

总序

一切功名利禄、荣华富贵都是暂时的，如过眼烟云，随着肉体的死亡而同时远去。只有道德文化是永恒的，精神产品永不磨灭，在历史上曾产生过巨大影响的精神产品更是如此。它们如同日月光耀长空，如同江河长流大地，将与人类的存在长相终始。

在精神产品中，最易流传，对后世影响最大者当数文学作品。曹丕说："盖文章，经国之大业，不朽之盛事。年寿有时而尽，荣乐止乎其身，二者必至之常期，未若文章之无穷。"李白说："屈平辞赋悬日月，楚王台榭空山丘。"杜甫说："尔曹身与名俱灭，不废江河万古流。"韩愈说："李杜文章在，光芒万丈长。"都是此意。春秋时期提出的"三不朽"观念中，道德文化便是其中的主体和核心。

中国古代的主流文学是诗文，即诗歌和散文。散文发展中，对后世影响巨大，直到如今依然被人们喜爱并津津乐道的莫过于"唐宋八大家"。但是，唐宋八大家离我们已千年，千年的历史进程将他们与我们的生活状态拉开很大的距离，我们对他们已很生疏，要真正理解他们的思想、性格以及反映在作品中的喜怒哀乐，就必须走近他们。

无论多么伟大的文学家，都是人不是神。他们与我们有许多相似的经历与情感，有许多相似的苦辣与酸甜，甚或遭遇过同样的坎坷与挫折，受到过同样的磨难与熬煎。古今的人性是相通的，故我们才有可能感知他们，走近他们。本着以今溯古，以己度人的精神，我们可以拨去历史的灰尘，用平等的眼光来看待这些历史文化的伟人，进入到他们的生活中去，与他们同呼吸共命运，使他们的精神复活，成为我们的知心朋友，成为我们现代精神家园中的楷模。

为此，我们设计了这套选题，为唐宋八大家中的每个人创作编撰一个故事集，从其人生中截取最能表现其性情、最有故事情节的事件，通过简明精炼的文笔描述出来。我们要求作者把严谨的学术研究和生动的文学创作结合起来，在对传主生平事迹进行坚实考证的基础上再进行合理的想象和虚构，写成既有学术性又有可读性的文学故事。为人们了解八大家之人品、之才气、之作品搭建一个桥梁，为阅读和学习写作创造一点氛围。

阅读欣赏是享受前人之成果，而更重要的是创作出文学的精品来供后人阅读和欣赏，这样才能在文化的长河中不断注入新的水流，因此更重要、更有实际意义的是创作。孔子曰：“苗而不秀者有矣夫！秀而不实者有矣夫！”我们需要的不是苗，也不是秀，而是实。

为使这套书能够达到我们设计的要求，我们请很有学术功底而又有文学创作能力的中青年学者来执笔撰稿。虽然每个人的学术修养和写作风格各不相同，但本套丛书的总体结构还是基本一致的。

但愿本丛书能够给读者诸君带来一定的启迪和补益，则善莫大焉！

毕宝魁

2012年9月22日识于三千斋

前　言

在唐宋八大家中，苏洵也许是最为特殊的一个。除苏洵外，其余七人，都是通过科举考试步入仕途；除苏洵外，其余七人，都是文章丰厚、论著等身。在唐宋八大家中，苏洵成名时，论年龄，最大；论官职，最低。但是，这些都不会动摇苏洵作为古文大家的地位。

苏洵是蜀学的开创者。少年时的苏洵游走于祖国的壮丽山川，隽秀奇异的名山大川开阔了他年少的胸怀；青年时的苏洵游走于先贤的文山书海，深邃璀璨的文字激发了他年青的志气。没有名师的指点，就以古人为师，凭着非凡的天赋和过人的毅力，赢得了“帝王师”、“王佐才”的声誉，凭借其“自成一家”的文学创作，巩固了北宋古文运动所取得的成绩，结束了时文与古文长期的擂台赛。在他的指导下，他的两个儿子——苏轼与苏辙——更是青出于蓝而胜于蓝，成就了“一门父子三词客，千古文章四大家”的历史殊荣。

“一时之杰，百世之宗”，这是后人对苏洵文学作品的评价。苏洵的作品是最为与众不同的，也是最为不可替代的。他的作品“书虽成于百篇”，但几乎篇篇都是精品，感情充沛而又气势磅礴，酣畅淋漓而又纵横恣肆，顿挫曲折而又巉刻削厉，具有纵横家的风格，前承韩柳而后启轼辙，甚至成为明清文人的写作摹本，经得起历史和时间的检验，是我国文学遗产中的宝贵财富。

本书以苏洵的年谱为经，以苏洵诗文为纬，选择了二十八个典型故事，从不同角度立体地再现苏洵的人格精神与生命历程。希望读者在阅读的过程中能够较为全面地了解活生生的苏洵。

张桂琴

壬辰年甲辰月丁酉日于大连

目录 CONTENTS

人为期，从内心深处开始觉悟了。

37 **闭户读书为文辞**

二十七岁的苏洵终于定下心来，立志苦读了。他幻想着通过自己的努力闯出一条康庄大道。但是，他怎么也不会想到，等待他的将会是怎样崎岖坎坷的不平之路啊。

42 **捉迷藏中巧教子**

苏洵教育子女就像大禹治水，疏而不堵，利用孩子的逆反心理，引导他们产生读书的兴趣，从而成就了苏家震古烁今的历史地位。

48 **谈时论政说六国**

西北边境的战事，牵动着苏洵关注时政的敏感神经。一篇关于六国破亡的沉思文字，语意深切，用心良苦。

53 **最后的科场奔波**

“庆历新政”重新燃起了苏洵的豪情壮志，他再次踏上了科举征途。等待他的会是锦绣前程抑或依然是壁垒重重？

59 **不惑之年的转折**

父亲的骤然离世使苏洵陷入了深深的沉思，他终于想通了：科举考试的声律章句的记诵并非自己所长，只有坚持自己的风格，才能找到自己的出路。

64 **阐字释名二子说**

知子莫若父。为了给两个儿子起个合适的名字，苏洵可谓煞费苦心。苏轼、苏辙的名字中，寄寓着苏洵对儿子的期望和忧虑。

71 **风行水上说“文甫”**

风水相激，非为风纹，非为水纹，而成自然之纹理。恰如君子立于世间，不求贤达，而其言行却为世人效法。

77 **痛失爱女心自尤**

爱女八娘是苏洵的掌上明珠。乡人皆嫁重母族的地方风习造成了八娘不幸的婚姻悲剧。八娘的含恨离世，是苏洵心中永远的痛。

家有小儿初长成

苏洵自小就表现出博闻强识、记忆超常、思维发散的特点。但谁也没有想到，在他的影响下，苏家在历史上的地位会被推至无以复加的高度。

成都平原，天府之国。物华天宝，人杰地灵。

眉山，偏处成都平原西南，岷江自北向南，逶迤而来，穿城而过，将眉山划分为东西两大城区。

在城东距离码头两个街区的弄巷中，有一处闹中取静、古木扶疏、翠竹掩映的院落，眉山的人们呼为“苏园”。

“苏园”，是唐初苏味道的儿子苏釿(jīn)在眉山的故居。自苏釿之后，三百多年间，历经数代，如今的主人叫苏序。

苏序，年方四十，严于律己而宽以待人，热情好客，轻财好施，方圆百里间，但凡有求于他，没有不热心帮忙的，反复而不厌。丰收之年，苏序曾大量储粟达三四千石，人们都不知道他储粟干什么。后来，眉山遇上荒年，苏序开仓赈粮，救了不少百姓的性命。所以眉山的人们都称苏序为“大善人”。苏家在眉山也尽人皆知，是眉山的一大望族。

苏序有二女三子，长女嫁与杜家公子杜垂裕，次女嫁与石家公子石扬言。眉山有四大望族：苏家、程家、杜家、石家，都是书香世家，名门之后。苏家的两个女儿分别嫁进杜家和石家，可谓门当户对了。看到两个女儿安定幸福的生活，苏序也是甚为欣慰。

苏家有三个公子：长子苏澹，自幼体弱多病，性格温顺腼腆，喜静厌动，经常安安静静地待在家里看些自己喜欢的书籍；次子苏涣，勤奋谨重，不苟言笑，喜欢和比他年长的文士相交往，少年老成，举止大度而稳健；幼子苏洵，刚满五岁，是苏序最为宠爱的小宝贝儿。本来二子二女，苏序已经心满意足了，没想到年过三纪，妻子史氏又给他添了个小儿子，虽然不能说是晚来得子，但这意外之喜，也让苏序欣喜若狂了，更何况这个小儿子又是那么的聪明伶俐、顽皮可爱。

这一日，阳春三月，阴沉了许久的老天终于露出了笑脸。苏序坐在花园，享受着这难得的阳光。透过花木扶疏的隔离带，依稀可以看见苏澹和苏涣在书房认真读书的背影。蜀地自经五代、宋初的战乱，文化的底蕴渐渐衰薄，读书的风气也淡漠了，人们大多安居乡里，过着食求其饱、居求自安的生活。但是，苏序还是认为，年轻人还是应该多读些书的，因此，专门开辟了书房，延请了先生，在家中指导两个儿子读书习文。苏澹和苏涣对于父亲的安排都顺从地接受了，几年下来，两人都有了长足的进步。想到两个儿子的勤奋努力，苏序的嘴角露出了一丝笑容。

“爹爹，爹爹，我刚才在天上看见一匹马。”一声清脆的童声打断了苏序的沉思。

“嗯?”苏序一抬头,看到了身上略有些浮土与枯草的小儿子苏洵扑向了自己。苏序张开双手,把苏洵揽入怀中,一边拍打着小苏洵身上的土、择去他衣上和头上的枯草,一边问道:“在哪儿呀?”

“那边——”苏洵拖着长长的尾音。

“哪儿呀?”苏序抬头望去,湛蓝的天空飘着几丝白云,看不出什么马的模样。

“那儿——刚才有一匹马,现在跑走了。”苏洵脆生生地说。

苏序笑了。他知道他的小儿子又开始思维奔逸了。小苏洵虽然只有五岁,但是他的思维总是和一般的孩童不大一样,总是有自己独特的看法。

“嗯,知道了。去找妈妈给擦擦脸,换换衣服,好不好?”苏序慈爱地看着苏洵。

“好!”苏洵大声答道,一蹦一跳地跑进了屋里。

苏序站起身,掸了掸衣服。

“老爷,亲家公子来了,找二少爷,二少爷还没下课……”下人进来通报道。

“知道了,我去看看。”苏序快步走向客厅。

客厅里,石昌言端端正正地坐着看书。石昌言是苏序亲家家的二公子,知书识礼、勤奋进取,时年十八岁,与苏涣是非常要好的朋友。石昌言见到苏序进来,忙放下书,起身行礼。

“坐坐坐——”苏序一边招呼石昌言,一边吩咐家人准备茶点。

“昌言啊，来找涣儿啊？”

“是的，伯父。前几天，涣弟找我借本书，正好今天有空儿，就给涣弟送过来。”石昌言答道。

“昌哥哥——”，还没等苏序答话，苏洵高声欢呼着跑进客厅。“昌哥哥，你好久都没来了，洵儿都想你了。”苏洵仰着小脸儿，咧着小嘴儿，娇憨地说。

“这不来了吗？”石昌言抚摸着苏洵的小脸笑嘻嘻地说。“对了，你看，这是什么？”石昌言转身拿过放在案儿上的红枣和栗子，在小苏洵的面前晃动着。

“红枣——，栗子——”，小苏洵大声说道。

“是呀，这不都是你最爱吃的吗？”

“嗯——”

“那昌哥哥剥给你吃啊？”石昌言宠爱地问。

“好。”小苏洵甜甜答道。

“洵儿，没有礼貌啊——”苏序的话音还没有落，“谢谢昌哥哥！”小苏洵马上站起身，规规矩矩地给石昌言鞠了个躬，亮晶晶的大眼睛转到案儿上的红枣和栗子上，他仿佛想起了什么，接着说道：“祝昌哥哥早及第，早立业。”

“啊？哈哈哈……”石昌言爽朗地笑了。

“嗯？”苏洵充满疑惑地看了看小苏序。

“你这小家伙，怎么什么都知道啊？”石昌言想起了此前自己曾经和苏涣谈论参加科举考试的事情。当时小苏洵在旁边玩耍，两人顾自兴高采烈地谈天，谁都没有想到小苏洵竟然记住了两人的谈话。今天，“及第、立业”的话语从小苏洵的嘴里冒了出来，怎能不让石昌言感到惊异？

“伯父，洵弟聪慧伶俐，记忆力又好，以后一定能成就一番事业。”石昌言揽着小苏洵言辞恳切地说。

“呵呵呵，顺其自然吧。”苏序自己洒脱淡泊，不受拘束，对于名利没有过多的追求。因此在孩子的成长中，只是尽自己所能为孩子提供各方面的便利条件，但却并不给与压力。

“洵弟，最近长什么本事了？给昌哥哥演示一下？”石昌言逗趣道。

“好。”小苏洵仰起了小脸儿，站到石昌言的对面。

“嗯——，天街小雨润如酥，草色遥看近却无。最是一年春好处，绝胜烟柳满皇都。”小苏洵抑扬顿挫地拖着长音一字一字地慢慢背着。

“嗯——？”苏序感到非常疑惑，自己并没有教过苏洵这首诗啊。

“好啊！洵弟！”那边石昌言已经大声地喝起彩来了。

“什么时候学会的？谁教你的？”

这是一首非常合时应景的诗歌。虽然西南春来早，但是，毕竟乍暖还寒，旷野尚未全绿，茫茫的枯绿中点染着初春的早芽，隐约透露出一抹抹青青之痕，走近细看，仿佛又踪迹全无。一个年仅五岁的孩子，能在这样的初春时节，在一个连绵许久的霏霏细雨初停、新阳初现的时间段，背诵这样的一首诗歌，怎能不让石昌言惊异万分。

“那天二哥在房里读书，我在院子里抓虫子，听到的。”小苏洵不以为然地回答。

“好啊！洵弟！过来！”石昌言把苏洵再次拉到自己身边。“洵弟，你知道这是谁的诗吗？”

“不知道。”苏洵摇着小脑袋说道。

“洵弟，这是唐代大文学家韩退之的《早春》。”石昌言紧紧地握住小苏洵的双手，有些激动地说，“洵弟，好好学习，你以后一定能和韩退之一样的。”

“嗯——”苏洵并不知道谁是韩退之，但是看到他最喜欢的昌哥哥如是说，他也似懂非懂坚定地点了点头。

“昌言啊，涣儿下课了，进去找他吧。”苏序听到书房门打开时的“吱呀”声。

“好的。伯父再见！洵弟，再见！”石昌言拿着书向书房走去。

“昌哥哥再见！”苏洵摇着胖乎乎的小手，乐呵呵地。

“洵儿，过来。”苏序将小苏洵拉过来，抱在自己腿上，慈爱地看着他。

“洵儿，喜欢读书吗？”

“喜欢。”

“那爹爹也找个先生教你读书好不好？”

“好啊！好啊！”苏洵拍着小手从苏序怀里跳下，“娘——娘——我要读书啦——”苏洵欢欣雀跃地向屋里跑去，边跑边喊。

苏序站了起来，看着儿子的身影渐渐隐没于拐角处，欣慰地笑了。

就是这个小孩儿苏洵，苏序怎么也没想到，他的名字后来竟然真的与韩退之齐名，跻身“唐宋八大家”之列。让苏洵兄弟读书，原本只是希望能增加他们的道德修为，提高他们的文化素养，学而有余则仕。后来苏洵在仕途上虽然成就不大，但在文学上，却成为后世推崇的楷模。这正如现代人所言，上帝在给你关上一扇门的时候，同时也为你打开了另一扇窗。

仲兄及第偶动心

二哥苏涣的中举，激起了苏洵好胜求知的自信心，但严苛的考试制度并没有顺利地接受这位志得意满的年轻人，他落第了。

苏洵刚满六岁，苏序便把他送进了眉山学堂。考虑到苏洵与两个哥哥年龄相差太大，家里也没有同龄的孩子一起读书，苏序为他选择了眉山最好的学校——眉山学堂。

开始一种新的生活，对孩子来说，总是因为好奇而充满激情。在初始的一两年，放学之后，还经常能听到苏洵的背书声，什么"无对有，实对虚，作赋对观书。绿窗对朱户，宝马对香车"，什么"名对名，动对动，实对实来虚对虚，数字上下两相望，词类相当结构同"，有时候还缠着父亲和两个哥哥对个对子，做个小诗。三五年下来，苏洵便对这些句读声律失去了兴趣，反而专意于书法，经常不知从什么地方找来些字帖仿照着练习，竟也小有成绩，进步颇大。再有时间，他就和社会上认识的一些朋友在眉山周边登山游玩。苏洵晚年回忆自己这段生活时说：

……

山川看不厌，浩然遂忘还。

岷峨最先见，晴光厌西川。
远望未及上，但爱青若鬟。
大雪冬没胫，夏秋多蛇蚖。
乘春乃敢去，匍匐攀孱颜。
有路不容足，左右号鹿猿。
阴崖雪如石，迫暖成高澜。
经日到绝顶，目眩手足颠。
自恐不得下，抚膺忽长叹。
坐定聊四顾，风色非人寰。
仰面嗫云霞，垂手抚百山。
临风弄襟袖，飘若风中仙。
……

——《忆山送人》

看到苏洵的“不务正业”，母亲史氏和两个哥哥都很担心，多次劝说苏洵，但却没什么成效，苏洵依然我行我素。与母亲的态度相反，父亲苏序反而将此看得很淡，总是说“孩子还小，先玩几年吧”。石昌言看到聪慧伶俐的小苏洵竟然废弃了学业，感到非常惋惜，也很是失望。

事情的转机出现在天圣二年(1024)。这一年，苏家老二，年仅 24 岁的苏涣进士及第，出任凤翔宝鸡主簿。这件事，在当时的眉山引起的轰动效应可谓空前绝后。据苏辙《伯父墓表》回忆：“明年登科，乡人皆喜之，迓者百里不绝。”眉山十里八乡的百姓都到大路边迎接，人潮如海，摩肩接踵，为眉山百余年间产生的第一位官员而感到自豪。苏涣的中举，不仅光耀了苏家门楣，也使得蜀人都很羡慕，心理也随之发生变化，从此都喜欢学习了。在此之前，曾有孙堪中举，但是还没有任命就去世了，对蜀地人没有产生什么影响。但苏涣的中举不同以往，释褐为宦的荣耀，令人艳羡。从那以后，眉山人认识到了读书的重要，读书人一度达到上千，通过科举步入仕途的学子相继辈出，眉山成为天下闻名的“诗书城”。

这一年，苏洵十六岁。二哥及第造成的“乡人嗟叹，观者塞途”的场景使得苏洵目眩神迷，他从来没有想过，读书竟然会给人带来如此的隆遇。一时之间，“羡慕嫉妒恨”的情感涌上心头。“二哥可以做到的，为什么我做不到?!”苏洵暗下决心。

苏洵真的静下心来读书了，他不再时常游山玩水了，就连他最为喜爱的书法，也暂时放到了一边，倒是把二哥以前常读的书都搬到了自己的屋里，“四书”“五经”《史记》《汉书》统统摆在书桌之上。墨色如漆的晚上，繁星点点的夜间，经常看见苏洵的房中闪烁着如豆的灯光。

看到苏洵如此刻苦，家里人终于松了一口气，其他人也纷纷祝贺苏序，说他家不久后还能出位大官人。苏序总是淡淡一笑，说:“随他去吧。”

功夫不负有心人，苏洵顺利地通过了乡试。天圣四年(1026)，苏洵满怀信心地沿着二哥曾经走过的道路，奔向心中的圣地——皇都汴京。在一个十八岁的少年心里，外面的世界是无限精彩的，自己的未来是无限光明的。四周的群山张开臂膀簇拥着这个豪情万丈的少年，沿途的树木伸出双手欢迎着这个信心十足的书生。第一次出远门的苏洵就像一只展翅的雏鹰，面对辽阔的天空，不觉畏惧只见缤纷，不觉危险只见新奇。

苏洵从水路东出三峡，由湖北转陆路，经陕西，入河南。一路的山光水色，让苏洵应接不暇，流连忘返；一路的奇风异俗，令苏洵眼界大开，见识斗长。沿途的风景虽说是浮光掠影，过眼烟云，但却给这位初出茅庐的年轻人留下了深刻的印象：

……

朅来游荆渚，谈笑登峡船。
峡山无平冈，峡水多悍湍。
长风送轻帆，瞥过难详观。
其间最可爱，巫庙十数巅。
耸耸青玉榦，折首不见端。
其余亦诡怪，土老崖石顽。
长江浑浑流，触啮不可拦。
苟非峡山壮，浩浩无隅边。
恐是造物意，特使险且坚。
江山两相值，后世无水患。

……

——《忆山送人》

但是，繁华的京师并没有接纳这位志得意满的年轻人，苏洵落第了。平生第一次重大的打击使他觉得失望而又难堪，他觉得自己文章写得相当不错，但为什么榜上无名呢？在京城的小旅店中躺了两天，苏洵想通了：“我今年不过十八岁，连冠还没有加，以后有的是时间，来日方长，像二哥一样，二十四五岁及第不也一样吗？”想想父亲平日的态度，再想想二哥当年及第的时候，父亲醉接封诰，然后把二哥的官服、笏板等物件和吃剩下的牛肉装在一个口袋里，叫一个村童挑担回家。可见，父亲对考上考不上也不是很在意的。

年轻的苏洵并不知道，父亲是多么期望他能够学业有所成啊！只是苏序知道自己的小儿子天性逆反心理较强，倔强任性，不愿意循规蹈矩地被束缚，这是大部分聪明孩子的共同特征，所以父亲苏序只是静静地等待儿子自主学习意识的觉醒。这些，是苏洵在做了父亲之后，在教导苏轼、苏辙的时候才明白的道理。

苏洵后来说，这个世界上有两个人最了解自己：一个是向世人推荐介绍苏门父子的欧阳修，一个就是自己的父亲苏序。由于欧阳修的大力推举，使世人认识了苏门父子的才能；而父亲的理解，使苏洵在成长的过程中，得到了支持和鼓励。在这句话中，苏洵有对欧阳修的感谢，同时，还有对父亲的深深愧疚。

说服了自己，苏洵很坦然地接受了这件事。转而想到自己进京时看到的寥廓江山，决定好好游玩一番再回家。于是，第二天，苏洵早早地起来，打理好自己的行装，退掉房间，踏上了纵情山水之路。

少年落拓鞍马间

寥廓长天，无限江山，年轻的苏洵在大自然的怀抱中纵情放浪。光怪陆离的奇山异水，开阔了蜀中少年壮怀天下的心胸。

京师天气格外的好，灿烂的阳光曝晒掉了苏洵心中落第的烦恼与不快。他写了封家信，交给同来的下人，嘱咐他抓紧时间回川报信儿，就背起行囊，潇洒地走了。

到底该去哪里呢？他自己也不知道，先在汴京走走看吧。北宋都城汴京，又称东京，也就是今天的开封市，是 11 世纪世界上最大的城市，当时号称“富丽天下无”。孟元老在《东京梦华录》中说此地“花阵酒池，香山药海”“万街千巷，尽皆繁盛浩闹”，一派富丽堂皇的盛世景象。苏洵第一次来到京师，又没有朋友作导游，哪里人多他就往哪儿走，竟然随着人流来到了最为热闹繁华的虹桥。北宋著名画家张择端的《清明上河图》就是以汴河两岸、虹桥附近的商业活动和百姓生活为主题进行创作的。只见这里彩楼高塔，层楼叠起，重重院落连绵不绝，商户店铺鳞次栉比，望不到边，叫卖之声不绝于耳。在熙熙攘攘的街上，行人、车辆、轿子穿梭往来，倒也井然有序。穿着各种服装的官吏、士人戴着各不相同的纱帽、襆头，还有那些用简单的头巾裹着头发的普通百姓，偶尔还能看到一两个僧人、道士杂处其间，人头攒动，好不热闹。

苏洵穿过虹桥，沿着汴河一路向东而行，边走边看，悠闲自在。忽然，他听到肚子发出了一阵阵的“抗议”声，才蓦然想起，自己还没吃早饭呢。抬头看到街边有个“老孙头灌汤包”的幌子，于是信步走了进去，拣了张临街的桌子坐下，把行囊放在凳子的一边，还没张嘴招呼，店小二就一路小跑地过来了。

“小哥儿，要多少？”店小二一边摆盘子一边问。

“先来一屉吧。”苏洵答道。

“好——嘞！一屉——包子——”店小二拖着长长音调答道。在苏洵听来，有些唱戏的感觉。

“小哥儿，您的包子。”灌汤包很快就端了上来。

“该去哪里呢？”苏洵一边吃一边想，对于东京，他并不打算多待，毕竟以后还要参加科举，有很多机会，但是现在该先去哪呢？

想想不论怎样游历，眉山还是最后的终点。于是，苏洵决定向西走。“向西，对，向西。”在京师西边最近的游览胜地就是登封，“嗯，对，可以先去嵩山看看。”苏洵暗自思忖。

吃完饭，苏洵一路向西，出了梁门，雇了一辆轻便马车，快马加鞭，傍晚便到了嵩山脚下。

黄昏的嵩山，游人散去，暮光横斜，愈加显得清幽高远而神秘莫测。顺着山间的小路一路向上，听着远处的溪水撞击山石发出的“泠泠”声，归巢的飞鸟间或发出的“嘎嘎”声，加之东风袭来，林木摇摆形成的松涛声，苏洵竟然觉得心里一紧，加快脚步，来到中岳庙。寺中的僧人摆上粥饭，热情地招待了这个在路上奔波了大半晌的年轻人。

吃罢斋饭，苏洵向寺中僧人询问卢岩寺距此多远。苏洵记得唐代有个与王维齐名的大书画家卢鸿，多次拒绝唐玄宗的宣诏，隐而不仕于嵩山，后来他的故宅就成了卢岩寺了。僧人告诉苏洵只要翻过几个小山头，越过几道小溪流，就可以看到卢岩寺了。看看天色还不算晚，苏洵决定夜宿卢岩寺。

拜别中岳庙的僧众，苏洵就独自出发了。差不多一个时辰，朦胧地可以看到一挂瀑布依山而下，在墨玉色的山涧“舞绡曳练，霏微散满”，隐隐地听到泉流叩击在青石上的铿锵之声，阵阵回响于山谷。随风舞动的山树，似乎正向苏洵招手致意呢。“林籁结响，调如竽瑟；泉石激韵，和若球锽”的诗句在苏洵脑中浮现。

轻拍寺门，小僧很快应声而来。听说苏洵是慕名而来，小僧急忙进去通报，转而寺院的住持亲自出来迎接苏洵，并引领他游览寺院，详细地为他介绍每间居室的历史故事。听说苏洵爱好书法，住持将自己珍藏的一幅卢鸿的字画送与苏洵，令苏洵万分感激。

夜色已晚，住持命人洒扫客房，安排苏洵住宿。这一晚，也许是连日来郁闷心情的消散，也许是今日一天的连续奔波，也许是躺在偶像曾经坐卧过的床榻，苏洵睡得格外香甜。迷蒙中，仿佛卢鸿入梦与他交流书法，谈论绘画。

第二天一早，苏洵拜别卢岩寺住持，向东游览太室山。嵩山主要由太室山和少室山组成。太室山是嵩山的主峰，《诗经》里说的“嵩高峻极”指的就是太室山。太室山和少室山大体相齐，从远处看就像一对眉毛。但是太室山看起来威严雄厉，像剑眉；少室山有些嶙峋不平，像卧蚕。苏洵逶迤而上，两边的群山就如屏风一般侧立，远望而不见尽头，像一面展开的旗帜，又像一幅打开的画轴，炫目的景致总是不经意扑面而来，让人觉得更加威严肃立。山体层层叠叠，皱褶频出，耸立的岩石犹如“万笏朝天”。亲身体会了太室山的伟岸，苏洵真真切切地理解了为什么自上古以来，人们就一直封禅嵩山，更清楚了为什么汉武帝来到嵩山就高呼“此山奇异，应该特殊礼封”了。

苏洵在太室山一连游览了好几天，白天游玩，夜宿山寺。这一天，走到了少室山下。少室山陡峭挺拔，有“九鼎莲花”的美名，著名的少林寺就位于少室山的北侧。苏洵仔细地游览了少林寺，而后从少林南侧渡过溪涧，向上攀登。走了大约六七里地，到了二祖庵。二祖庵供奉的是达摩祖师和慧可。慧可断臂之后在这里清修，追随达摩，后来达摩把衣钵传授给他，成为禅宗入东土以来，在中国的第一代传人。二祖庵并不大，约半亩。殿外古柏数株，粗可四五人合抱。古柏和古老的大殿，都清晰地印证着岁月的沧桑。苏洵在这里流连了许久，寻求自己精神的皈依。

一日午后，苏洵登上了太室山的顶峰摘星台，站在山上，俯瞰重峦叠壁，几近垂直的山崖就像一幅悬挂在空中的巨画，突出的山体就像一块块镶嵌的碧玉。雾岚随风而起，山风乍乍而出，仿佛凌虚御风，飘飘欲仙，让人几欲肋生双翼，展翅而去。“自是识嵩岳，荡荡容貌尊。不入众山列，体如镇中原”(《忆山送人》)。几行诗句，从苏洵的内心流淌而出。

越过嵩山，翻过轩辕岭，进入陕西境内。苏洵策马加鞭，不觉疲倦，来到华山脚下。华山因为像一朵莲花而得名，《水经注》说：“远而望之，又若花状”，素有“西岳”之称。与嵩山的蜿蜒横亘有所不同，华山以险峻峭拔而著称，青松翠柏借助山体之势而愈显其高，溪流涧水凭靠山体之陡峭而越显其响，满目葱茏，“秀色碧照天”。

苏洵首先拜谒了西岳庙，登临了万寿阁，转了一圈，觉得没什么大意思，转而向南继续攀登，走了大约十五里路，远远看到“云台观”三个字。想起曾经听老人说的，陈抟曾为避五代战乱而在云台观隐居修炼，苏洵来了精神头，健步登了上去。观庙已经废弃多年，显得有些荒凉。苏洵步入观中，遥想陈抟当年，“每寝处，多百余日不起”，揣测陈抟的百日不醒也许是先生故意在躲避世俗的烦扰吧，不然为什么听说赵氏登极，闻讯大笑以至于坠下驴呢？“昔人已乘仙鹤去，此地空余云台观”，不想也罢了，叹口气，摇摇头，苏洵继续攀登。过廖阳桥，登白云峰，日薄西山，雾岚避目，苏洵夜宿玉女祠。

翌日，艳阳高照，心情大好。苏洵拾级而上，快到晌午时分，抬眼望，只见前面的一座山突兀高昂，后面的几座小山弯曲连绵，整个山势陡峭险峻。苏洵暗想，这大概就是传说中的“苍龙岭”吧。记得唐朝有个李肇，在《国史补》中载录有唐代文学家韩退之登攀苍龙岭到一半时，心颤胆寒，双腿发软，骑“龙”难下，顾视两边的万丈深渊，恸哭连连，索要纸笔以立遗嘱。后来还是同行的本地官吏将其灌醉之后，才连推带拉地将他弄下山来。苏洵在苍龙岭上环视周边的悬崖深壑，如剑如戟，确实有些令人生畏，难怪年过半百的韩愈会胆战心惊。想到韩愈，又想到石昌言曾经对自己说的“你以后一定能和韩退之一样的”，一丝微微的失落与怅惘涌上心头。

在华山游历了几日，苏洵一路向西南而行。几日兼程，秦岭在望，只要沿着蜀道一直南行，不几日就可以到达眉山。“近乡情更怯”，这几个月的游历，苏洵无所牵念，进入四川，马上要到家了，他的心反而有些烦乱了。

第一次走在这“危乎高哉”的蜀道之上，苏洵甚至有些后悔自己为什么要走这条路了。看看两边的崖壁，就像两扇铜墙，将千里群山横阻于外；看看奔涌的江水，巨浪冲天，汹涌澎湃，如飞驰的骏马，隆隆而下。“上有六龙回日之高标，下有冲波逆折之回川。黄鹤之飞尚不得过，猿猱欲度愁攀援。……连峰去天不盈尺，枯松倒挂倚绝壁。飞湍瀑流争喧豗，砯崖转石万壑雷。”嗯！此言不虚呀！

苏洵小心翼翼地抓着马车的扶手，生怕有什么闪失。“矫首望故国，漫漫但青烟”，几番日出月落，终于“及下鹿头坂，始见平沙田”，一颗悬着的心终于落地了。苏洵后来回忆初走蜀道的感觉时，自己说：

……

下瞰不测溪，石齿交戈鋋。

虚阁怖马足，险崖摩吾肩。

左山右绝涧，中如一绳悭。

傲睨驻鞍辔，不忍驱以鞭。

累累斩绝峰，兀不相属联。

背出或逾峻，远骛如争先。

或时度冈岭，下马步险艰。

怪事看愈好，勤劬变清欢。

行行上剑阁，勉强踵不前。

……

——《忆山送人》

终于回家了。父母亲慈爱的笑容，兄嫂亲切的问候，让苏洵感到格外的温暖。

这几个月的漫游，苏洵内心深处好像被什么东西触动了，少年的豪情充满了整个心胸。他疯狂地爱上了漫游。在其后近十年的时间里，苏洵放浪山水，纵情大化。他不知道，在这一段时间里，他年迈的父母，他年轻的妻子，为他担了多少忧，操了多少心啊！

成家立室娶贤妻

人们常说：一个成功的男人身后，总是站着一个默默奉献的女人。苏洵的妻子程夫人就是苏洵人生的守护神。

第一次科举失败后，苏洵彻底地放弃了学业。经常是行装一副，四处游荡，十天半个月地不见踪影。看到苏洵如此的“自暴自弃”，亲人朋友都非常担心和惋惜，只有父亲苏序知道，小儿子的厌学，是青年人的心浮气躁、任性桀骜。对此，苏序并不想过多地干涉，他也不愿意儿子扭曲性格，变得虚伪矫饰而顺应世俗，因为苏序自己本身也是不拘小节、洒脱率真之人。苏序知道苏洵自小志向远大，相信他在成长的过程中能够找到自己人生的正确方向。

苏洵真的应该感谢自己父亲的开脱明智，能够根据孩子的性情顺其自然、因材施教。现在的很多家长，往往根据社会的需要，不管孩子的兴趣、爱好，一味地从家长的角度为孩子选择学习班、兴趣班，甚至包办孩子的专业选择与职业生涯，最后导致孩子对学习、工作毫无兴致，缺乏积极向上的动力。而家长反而挺委屈地认为自己为孩子付出了一切，孩子却不领情。其原因就在于未能“顺木之天，以致其性焉尔”。

于是，在蜀地的奇山异水间，冬云夏雨，春风秋阳，总能看到一个豪气干云的翩翩少年，在艰险的道路上惊险地登攀，在优美的景致中惬意地流连。弃学漫游虽然浪费了许多进学修业的宝贵时光，但是，却增长了苏洵的阅历，促进了苏洵人格的成长。大半年的漫游下来，苏洵黑了、瘦了，但也更壮实、更成熟了。

为了收收苏洵放纵的野马之心，也是因为大儿子苏澹身体一向不好，二儿子又外出为官，而自己年事已高，几近花甲，苏序决定将料理家业的事情逐渐转交给苏洵，因此，他决定尽快为苏洵完婚。

按照古人的礼俗，男子二十岁加冠。天圣六年(1028)，按照中国传统算法，苏洵恰好年满二十岁。苏序为苏洵举办了隆重的加冠礼。加冠，并不是仅仅戴顶帽子。冠礼是人生中第一次身份的大转变，意味着从此之后，社会将不会再以孩子的姿态来对待你，而是以成人的标准要求你。成人之后，就和当孩子的时候完全不同了，应该怎样做，不能怎样做，有了一套完整明确的规范。苏序之所以隆重地为苏洵举行加冠礼，其实就是暗示苏洵：你应该承担起对自己、对家庭、对社会的责任了。

今天，汉民族的加冠礼已经废弃多年。其实，当今确实需要有类似古人的这种成人教育仪式，以培养年轻人的责任感，增强他们的社会意识。当然，具体礼仪未必全要恢复古礼，而应该与时俱进地设计符合当前社会的礼仪，形成风俗，并成为一种社会环境，才能真正起到成人教育的作用。

冠礼后不久，苏序又为苏洵举行了隆重的婚礼。结婚，与加冠礼一样，意味着一个人身份的变化。从此开始，他将确定地步入成人社会，担当社会责任。与加冠礼不同的是，还要担当起对一个人——一个女人——自己的妻子的责任。婚姻从形式上宣布了一个男子确切地成了一个男人。

苏洵的妻子是眉山人程文应的女儿，比苏洵小一岁。程家在眉山是响当当的大户人家，祖上一直做官，程文应本人现任大理寺丞。大理寺是司法审判机关，相当于现在的法院。大理寺丞是正副首脑之下的中级官吏，大体相当于法院庭长，中层干部。程文应的儿子程浚几年前和苏家二公子苏涣同榜中的进士。当时程家非常高调地四处宣扬，唯恐他人不知。但苏序对此事很低调，为此，程文应还曾当面责怪苏序不该如此简单随意。

苏洵虽然成家了，但是依然生活在“苏园”这个大家庭中。新媳妇的进门，给“苏园”带来了不少欢笑。当时，苏洵的祖母宋氏尚在，老人家晚年性情变得格外敏感，稍有大的动静就会比较暴戾，全家人都小心翼翼，生怕惹老人家生气。尽管如此，仍然有很多事情引得老人家心情不爽。但是，老夫人对程氏却宽爱有加，非常喜欢，经常拉着新媳妇白白嫩嫩的小手，絮絮叨叨地说着些车轱辘话。小媳妇也不嫌烦，一边听着祖母的唠叨，一边用自己柔弱无骨的小手给老太太捶捶背，按按肩，揉得老太太常常咧着那没什么牙的瘪瘪嘴“呵呵呵”地笑。老人家的心情好了，整个家庭的气氛也变得融洽宽松了。

新媳妇程氏温婉顺从，克己忍让，善解人意，而骨子里却又执着坚毅，具有典型的中国女性的传统美德。苏家虽然有田有地，衣食无忧，但由于苏序天性豪放，淡泊豁达，施财好善，并没有攒下什么家底。与其娘家程家比较起来也可以说是贫穷的。所以司马光在《程夫人墓志铭》中说："程氏富而苏氏极贫。"因此，新媳妇进门之后就不能像在娘家一样养尊处优，"十指不沾阳春水"了。"夫人进门，执妇职，恭孝勤俭。族人环视之，无丝毫鞅鞅骄踞可讥诃状"，司马光这样评价程夫人。苏家有个邻居曾经问过程氏说："你娘家那么有钱，父母又那么宠爱你，回家要点钱，日子不就过得宽松多了吗？"程氏回答说："和娘家开口，固然能得到资助。但我怎能让人看不起我夫家呢？"程氏始终安心地过着清苦的日子而甘之若饴。

程氏知书达理，略通文墨，小夫妻夫唱妇随，琴瑟和谐，苏洵出去漫游的频率倒是减少了一些。这让苏序颇感安慰。但是，苏洵的散漫之心并没有完全收拢，有时，新朋旧友一怂恿，他依然会跑出去"东游西逛"。程氏虽然担心丈夫的游荡不学，但为了丈夫的自尊和面子，从来也没有什么责备与劝告，只是默默地看着丈夫离去的背影，希望丈夫有朝一日能够回心转意，理解自己期待的眼神而有所觉悟。

一日，苏洵浪荡归来，看见程氏在昏黄的油灯下聚精会神地看书，便悄悄地走上前去。

"夫人，看什么呢？这么认真？"苏洵边脱外衣边调侃。

"相公，你回来啦。"程氏赶忙起来，接过了苏洵的外衣。

“没什么，随便看看。”程氏将苏洵的衣服放到衣柜。

苏洵坐在桌边，瞅了一眼妻子看的书。

“《后汉书·列女传》啊！想名垂青史啊?!”苏洵开玩笑地问。

“真的很敬佩书里写的那些女性，她们非常了不起。”程氏钦佩地说。

“你准备拿她们当偶像吗?”苏洵坏坏地笑着问道。

“我只不过是普通人一个，哪能和她们比呢。我只要能把家照顾好，相夫教子，安安定定一辈子，就心满意足了。”程氏腼腆地笑了笑，轻声地回答。

“那你想做个什么样的妻子，什么样的母亲呢?”苏洵从程氏身后抱着她，亲昵地问。

“我希望能像乐羊子妻那样支持丈夫，不拖后腿；我希望能像孟母那样抚育孩子，教子有方。”程氏一脸崇拜的表情。

“噢——”苏洵淡淡地应了一声。

听到苏洵不大高兴的声音，程氏意识到自己说的话不大得体。于是马上给自己找了个台阶下，说：“相公，我去给你打点儿水，洗洗脸。”转身走出了房间。

寂静的房间，摇曳的灯光。灯油流下时发出“刺刺”的响声，在苏洵听来竟然有些刺耳，仿佛有人在指着他的后背指指点点。是的，自己也该长点心了。

玉局观中祈子嗣

古人说：不孝有三，无后为大。苏洵婚后多年未有子嗣，见到张仙画像后，遂顶礼膜拜，终于求得轼与辙。

苏洵不喜欢宋初“时文”，但是对于琴棋书画，可谓样样喜好。

苏洵喜爱书法，自小就到处淘弄字帖，勤学苦练，竟也自成一体，在书法史上占有一席之地。苏洵书法崇尚晋唐笔意，师法“二王”，气韵超脱，简淡玄远，意蕴挥洒。苏轼、苏辙兄弟的笔法中或多或少地都有苏洵风格的影子。

苏洵擅弹琴，且蓄有雷琴。苏洵的琴艺虽然在我国的音乐史上没有过多的载录，但从苏轼、苏辙兄弟的字里行间可以看出，也是相当有造诣的。苏轼《家藏雷琴》说：“余家有琴，其面皆作蛇蚹，其上池铭云：开元十年造，雅州灵关村。”苏轼为了弄清雷琴的发音情况，曾把琴拆开来进行研究。《历代琴人传》引张衮《琴经大雅嗣音》说：“古代多以琴世家，最著者……眉山三苏。”苏轼、苏辙兄弟皆有《舟中听大人弹琴》诗，描绘了苏洵高超的琴艺，虽有溢美之词，但也不会太过夸张。

苏洵喜画，但是画得并不是很好，只是用以修身养性，也非常喜爱收藏绘画。苏轼在《四菩萨阁记》里说："始吾先君于物无所好，燕居如斋，言笑有时，顾常嗜画。弟子门人无以悦之，则争致其所嗜，庶几一解其颜。故虽布衣，而致画与公卿等。"在苏洵流传下来的诗歌中，有一首诗《净因大觉禅师以阎立本画水官见遗，报之以诗》，记录了净因大觉禅师以阎立本所画水官（水神）赠苏洵，苏洵作诗表示感谢的事情。苏轼也曾"以钱十万"，购得吴道子的画献给苏洵，这幅画后来成为苏洵所珍藏画作中的压卷之作。

但是，在苏洵所珍藏的百余幅画卷中，有一幅画是他最为珍爱的，甚至在晚年时还在上面题字以示珍重，这幅画就是《张仙画像》。

《张仙画像》并不是什么名人大师的作品，甚至它的作者是谁都无从考证，苏洵何以珍爱如此？此事说来话长。原来，苏洵一直认为，苏轼与苏辙就是张仙送来的。所以，苏洵在晚年检点自己藏品时，见到这幅画，还认真地在上面题词：

> 洵尝于天圣庚午重九日至玉局观无碍子卦肆中见一画像，笔法清奇，乃云："张仙也。有感必应。"因解玉环易之。洵尚无子嗣，每旦必露香以告，逮数年，既得轼，又得辙，性皆嗜书。乃知真人急于接物，而无碍子之言不妄矣。故识其本末，使异时祈嗣者于此加敬云。

苏洵婚后不久，妻子程氏就怀孕了，初为人父的喜悦激荡着苏洵年轻的心灵，他整天幻想着那个可爱的小家伙的样子，甚至都想好了孩子的名字，他的内心充满了无比的冲动。但是，遗憾的是，这个孩子出生后就夭折了。看着整日以泪洗面的妻子，苏洵强自按捺内心悲痛，安慰程氏："我们还年轻，孩子以后还会有的。"

天圣八年(1030)农历九月九日，天刚放亮，苏洵收到一封来信。前来送信者是成都玉局观中的一个小道士。原来苏洵先前四方游荡时结识的无碍子道长，近日云游至成都，落脚于玉局观，便差遣道童，前来投书，邀请苏洵前往玉局观一晤。苏洵马上安排好家事，与道童即刻动身，前往成都。

玉局观在成都府城南处，原是西汉蜀郡太守文翁为兴办学校所凿的一间石室。东汉永初末年(113)，学堂遇火而荒废。传说东汉永寿元年(155)，李老君与五斗米道长张道陵至此，李老君席地而坐，地上竟缓缓升起一张局脚玉床。李老君坐在玉床上，为张道陵讲《南北斗经》，讲毕离去，玉座即隐入地中，旋成一干涸洞穴。后来人纪念李老君而在此建观，名曰玉局观。

晌午时分，苏洵到达观前。早有道童通报，无碍子亲迎苏洵于观门，携手走入观中。这是苏洵第一次游览玉局观，只见这里真是一修行好去处：观依山而建，山上树木茂盛，山路两旁古木参天，浓荫覆地。沿着青石板铺就的山道拾级而上，山涧流水自上而下生生不息，阵阵山风透过树林发出沙沙的响声，风声、树声、流水声混合起来，仿佛是天籁之音，而道观和亭阁都深藏于繁枝茂叶之间，感觉格外幽深。无碍子边走边介绍，苏洵边游览边赞叹。

无碍子将苏洵引至自己卦肆，小道童端上茶水，退出房门。苏洵环视四周，见北墙之上悬挂一幅笔法清奇的画作，画中祥云环绕，一俊美英武、面如敷粉、唇如涂朱的武将模样的青年男子弯弓搭箭，下方还有五个小孩环绕身边。苏洵很奇怪地问无碍子："道长，此为何人？"

"你怎么连他也不认识呢？这不是张仙吗？"无碍子笑呵呵地答道。

"噢，这就是张仙啊。"苏洵若有所悟。

"是啊，张仙，有感必应的。"无碍子肯定地说。

苏洵不认识画中人，其实并不是苏洵的孤陋寡闻，而是因为张仙在宋初时并不像后来那么火，那么受人尊崇。张仙原本是唐末五代时期的一位道士，全名叫张远宵，擅长弹弓绝技，百发百中。羽化登仙后成了一位用弹弓为人类造福的神仙，只要看到谁家有灾气，就用弹弓发弹击之，将灾气驱散，被称为"弹弓张仙"。在道教还算是位名人，但于普通百姓而言，就没什么太大名气了。这也难怪苏洵不大认识。乾德三年(965)宋太祖赵匡胤灭后蜀，将孟昶爱妃花蕊夫人带回汴京收进后宫。花蕊夫人不忘故主，常常怀念孟昶，将他戎装射箭的画像挂在房中，予以祭祀。一天，宋太祖来到花蕊夫人的房中，见到这张男人的画像，就满腹狐疑地问："这是什么人？"花蕊夫人急中生智地说："这是蜀地供奉的张仙，经常祭祀他，可以得子。"由于花蕊夫人的急中生智，人们不知其中的原因，后来传到民间，真张仙与假张仙便合二为一了，人们以孟昶射箭的那张画像为底本，在其脚下画上了五个孩子，寓意“五子登科”。

苏洵听无碍子道长说这是张仙，马上诚心跪下，拜了三拜。其时，苏洵膝下尚无子嗣，他和夫人都急切地盼望着孩子的到来。跪拜完毕，苏洵转身对无碍子说：

“道长，在下有个不情之请，不知当说不当说。”

“呵呵呵，你我交往多年，有什么不能说的？”无碍子拂尘一摆。

“道长，在下膝下尚无子嗣，希望能将张师画像请回家中，以便膜拜。不知道长能否割爱？”苏洵小心翼翼地问道。

“哈哈哈，你求子心切，那贫道就将此画送与你吧。”无碍子豪爽地说道。

“啊，不不不，君子不夺人所爱。这样，我将此玉环与道长交换。”苏洵边解下身上所佩戴的玉环边说。

无碍子了解苏洵的为人，知道他不会无功受禄的，就接过了苏洵捧上的玉环。

苏洵与无碍子探讨《易经》直至深夜。翌日，天刚蒙蒙亮，苏洵便快马加鞭赶回眉山。将张仙画像挂在卧室正中，此后夫妻二人几乎每天都进行拜祭。

说来也怪，在苏洵将张仙画像请回家不久，程夫人还就真的怀孕了，十月期满，产下一个小男孩。全家都为此感到高兴。苏洵愈加认为张仙灵验了，更加诚恳地祭拜。后来在天圣九年(1031)到元宝三年(1041)的十年中，程夫人又陆续生下次女、幼女八娘、苏轼、苏辙四个孩子。长子景先与次女因为身体羸弱，未及成人而亡。长大成人的只有八娘、苏轼、苏辙姐弟三人。而八娘在出嫁后因夫家虐待而英年早逝，陪伴苏洵直到晚年的只有苏轼和苏辙两个。所以苏洵笃挚地相信，苏轼和苏辙就是张仙送与他的两个儿子，对张仙一直崇奉不已而将其画像视为自己最为珍贵的藏品。苏轼与苏辙在宋代及其后历史中影响深远，所以至今在民间传说中，都流传着苏轼和苏辙是天上文曲星下凡的故事。

慈母见背初觉悟

母亲的过世，让苏洵第一次认真思考起生命与责任的意义。而苏氏族谱的修订，更是激发起了苏洵内心无比的自豪感与荣耀感，他暗自以先人为期，从内心深处开始觉悟了。

在年轻的苏洵的眼睛中，世界是灿烂明亮的。在家中，有父母的宠爱呵护，有妻子的精心照顾；在外边，有“驴友”陪伴游山玩水，有“道友”相与谈经说道。虽然也有苏家生计的事情需要苏洵操心，但是父母兄长自会帮着管理。苏洵24岁的年轻心灵是不为任何事而烦恼的，不被任何事所束缚的。绚丽缤纷的世界等着苏洵去感受，变幻莫测的未来等着苏洵去叩问。24岁前的苏洵尽情散发着生命固有的活力，放纵地享受着青春绽放的冲动，不知人间生死离别、哀伤忧愁。

无忧无虑的岁月，在这一年——明道元年(1032)，似乎戛然而止了。

这一年，苏洵的母亲史氏夫人病逝了。

史氏夫人得的是急病。当时苏序还在外边和他的酒友们闲聊豪饮，苏洵在外边和他的“道友”们谈经说易，是苏洵年轻的妻子程氏张罗着安排找郎中，通知苏序和苏洵等一切事宜。等苏序和苏洵赶回家中，史氏夫人已经不能言语了。郎中开了几服汤剂，说了一些安慰的话，就离开了。

所有的努力都没能挽留住史夫人的离去。

在一刹那，死亡就这样来临了，不管你做没做好准备。

母亲的骤然离世，使得苏洵懊悔万端。他想起母亲对他的慈爱、对他的忧虑、对他的期望。突然间，苏洵竟然有些厌恶自己，为什么自己总是四处闲游而不能在家多陪陪母亲？为什么自己不能认真做事，让母亲少操些心？为什么自己不能勤奋读书，满足母亲的期望？苏洵呆坐在母亲遗体旁，不吃、不喝、不眠、也不哭，如泥塑木雕般，仿佛已随母亲归去。刹那间，苏洵又觉得仿佛母亲并没有离去，只是静静地在休息，只要母亲睡好了就会醒过来。他静静地等着，静静地等着……

母亲的去世使得苏洵从自我的极乐峰顶跌落到现实人间，他不得不面对这样一个现实，他的至亲、他的母亲已经离开了他，这是个千真万确的事实，是个摆在他面前的现实。

二哥苏涣去职回乡奔丧。苏涣中进士后在各地做了几任州县主簿，现在是永康录事参军。苏洵在渡口迎接回乡的二哥，兄弟俩无言地拥抱在一起，泪水滑过苏洵的双颊。

母亲丧事安排完毕，苏洵依然每天落落寡欢。一日，晚饭后，苏涣来到苏洵书房，看着沉浸在悲哀中一直缓不过神的三弟，感到心痛无比。

“荣枯得失皆由命，寿夭穷通总在天。三弟，事已至此，你要想开些。”苏涣手扶苏洵的双肩。

“二哥,我知道。可是……太突然了……我有些接受不了……”苏洵眼眶湿润了,有些抽噎。

“三弟,你想想。父亲今年六十了,母亲的去世对他也是重重的一大打击。大哥身体一向不好,这次又……唉! 以后家里就靠你了,三弟。”苏涣真的有些语重心长了。

“二哥,我知道。”

“三弟,你有什么打算吗?”

“嗯。”苏洵点点头。

“嗯?”苏洵又摇摇头。

“二哥,我真的不知道该怎么办。一直就是父亲和大哥管着。我就帮着干些小活儿。”苏洵很担心自己管家的能力。

“不要紧,三弟,二哥帮你。”

“嗯!”苏洵坚毅地点了点头。

两兄弟的手紧紧地握在了一起,仿佛握起了苏家的命运。

在苏涣的协助下,苏洵很快地进入了角色。半年下来,整个“苏园”让他管理得井井有条,人尽其责,物尽其用,整个“苏园”焕发着一股新生的朝气。

这天,苏涣、苏洵难得有空,两人坐在花园的亭子间品茶。

“三弟,我的丁忧期限马上要到了,就要回去复职了。”苏涣和苏洵说话,但是眼睛却看着苏家的祖宅。

“放心吧,二哥。我家里,你家外。我们俩一定会守护好苏家的。”苏洵觉得自己知道二哥的心思。

苏涣看了苏洵一眼，想说什么，但是忍住了。

两个人静静地喝了一会茶。苏涣说：

“三弟，一直以来，二哥有个心愿没有完成，你能帮帮我吗？”苏涣随意地问道。

“二哥，你说吧，我能做尽量做。”苏洵诚恳答道。

“我们苏家来四川定居，到你我这辈，已经好几代了。我曾经想修订苏氏家谱，但因公务繁忙，一直未能如愿。现在，家里的一切事物基本都步入正轨，你如果有时间的话，能不能把咱家家谱修订一下。”苏涣语带双关地说道。

“没问题呀，二哥。修家谱不也是我的分内之事吗？”苏洵爽快地回答。

苏涣有些神秘地看了看苏洵，意味深长地笑了。他拍了拍弟弟的肩头，转身走出了凉亭。

年轻的涉世未深的苏洵，他没有看到二哥转身后脸上的笑容有多灿烂，他不知道二哥为什么要让他修家谱！他哪里知道，二哥修家谱是表，其里根本是在以苏门的辉煌的家族历史，激励他那颗年轻好胜的心灵，鼓起奋发的勇气啊！

苏涣的假期已满，很快复职去了。苏洵每天打理完家里的大事小情就安安心心地坐在书房，继续二哥交给他的任务。有时，苏洵也会出去访友，也有朋友时常到家中拜访。细心的程氏发现，自婆婆去世之后，丈夫交往的朋友好像也发生了一些变化，嬉戏玩乐的少了，交流思想的多了。“当局者迷，旁观者清”，苏洵自己并没有明确地意识到什么，但是妻子程氏却为丈夫的这一变化感到非常的宽心。

家谱的修订是一件非常需要耐心的事。苏洵对此好像很有兴趣，而当苏洵继续这项工作时，兴趣越来越浓了。为了弄明白苏氏家族的历史沿革，苏洵为自己列下了长长的书单，把《史记》《汉书》《唐书》，还有更早的《左传》《国语》《战国策》都罗列到床前案头，读了个通透。苏洵在翻阅古书的过程中，他发现苏家是个有着光荣传统的家族。自唐初苏味道之后，居留在四川的苏氏后人，虽然没有什么为官之人，但在当地都是有着相当的影响的。而向上追溯，苏氏的先人可以包括战国苏秦，而源头可追溯至高阳氏。家族的历史，激发了苏洵内心无比的荣耀感，他暗自以先人为期，从内心真心地希望发奋了。

一个人努力的动机有很多，但是真正能够支持他们持久地坚持下去的最重要的动力，就是引发他们内心潜藏的主观驱动力。也就是说，通过一定的刺激，去唤醒潜意识中一直被压抑着的某种情感，从而使一个人能够自觉自愿地为达到某一目标而坚持不懈地奋斗下去的精神动力。

苏涣是了解苏洵的。他知道他的这个弟弟聪慧有余而努力不足，加之父亲宽松的教育理念，使得苏洵一直缺乏强有力的上进动力。家谱的修订，促使苏洵思考了许多问题，自己现在可以说是上有老下有小了，如何给父亲、妻子、儿女撑起一片天，如何让自己这一支在苏氏族谱中显现光彩，这是苏洵不得不面对的问题。强烈的家族责任感在苏洵的内心油然而生，他必须得为了自己的前途而努力，为家庭的幸福安康而拼搏，为家族的荣誉而奋斗。苏洵潜意识中的担当意识骤然间被唤醒了，他要为了全家人的出路而努力读书。这就是后来他自己对欧阳修说的“生年二十五而始知读书”。

闭户读书为文辞

二十七岁的苏洵终于定下心来，立志苦读了。他幻想着通过自己的努力闯出一条康庄大道。但是，他怎么也不会想到，等待他的将会是怎样崎岖坎坷的不平之路啊。

《三字经》中有这么几句："苏老泉，二十七，始发愤，读书籍。"这句话是说，苏老泉二十七岁才开始发愤读书，后来，终于成为一代名儒。欧阳修在《苏明允墓志铭》中说："年二十七始大发愤，谢其素所往来少年，闭户读书为文辞。"这里说的苏老泉、苏明允就是苏洵。苏洵，字明允，晚年自号老泉，所以世人就称他为苏老泉。

苏洵二十七岁开始发愤读书而成为流芳千古的名人，然而，这只是一个个例。对于青少年来说，学习还是应当趁早。《三字经》中诗句的意思是强调为学任何时间都不算晚，但是，如果少年时期就认识到学习的重要性，并抓紧时间及时学习的话，又何必等到二十多岁才去努力呢？如果苏洵年少时期就开始认真学习的话，那么他也许会取得更大的成就。当然这只是假设，历史是不能假设的。苏洵自己其实是认识到了年少时没有认真学习，耽误了时间，也荒废了不少精力，才导致了自己一生的不如意。所以，他自苏轼和苏辙孩童起，就引导他们认真读书，培养他们勤于思考的为学态度，这才有了苏轼、苏辙的一举登科、名震京师，成就了“一门父子三词客，千古文章四大家”的历史殊荣。

苏洵应该是属于比较晚熟的一类人。二十四岁之前，他一直过着如脱缰野马般自由自在的生活。母亲去世后，苏洵开始思考自己活着的价值，生命的意义，开始逐渐成熟了。他逐渐地断绝了与过去的“玩友”们的来往，转而“从士君子游”，并且以古人为自期，以古代的文人贤士为自己的偶像，见贤思齐，努力校正自己的人生方向。

二十七岁那年，苏洵的小女儿八娘出生了。看着活泼可爱的女儿，他的心里充满了喜悦，同时也被一种自卑感折磨着，看看自己周围的兄长：自己的二哥苏涣，自己的大舅子程浚，自己的姐夫石扬言，他们都通过科举考试顺利地步入了仕途，而自己却还是一无所成。苏洵为自己感到惭愧，一种来自成人世界对比后的落后感让苏洵感到无比的自卑与羞辱。苏洵觉得如果自己抓紧时间认真学习的话，考个进士应该是问题不大，可是看着家里老老少少十几口人，需要自己照顾，他又犹豫了起来。

经过一段时间的思考，苏洵试探性地对妻子表露了心迹：

“吾自视今犹可学，然家待我而生，学且废生，奈何？”

这句话翻译成现代文就是说：“我自己认为我现在发愤学习还来得及，只是如果我一门心思全放在学习上，家里的事就没有人管理，没人经营了。家庭生活问题是很重要的事，我真是放心不下。怎么办呢？”

程氏夫人是一位知书达理的大度女性，多年来，苏洵一直不思学业，程氏为此很是担心。如今，丈夫主动提出要静心学习，这让程氏怎能不激动万分呢。看着犹疑不决的丈夫，程氏满怀深情地坚定地对丈夫说：

“我欲言之久矣，恶使子为因我而废学者。子苟有志，以生累我可也。”

翻译过来就是：“其实，我早就有心劝夫君好好学习了，又担心夫君是因为我的话而勉强为难自己。现在夫君既然有此志向，别的什么就不必操心了，家里的事情就全交给我吧！”

苏洵以为夫人只是和他开玩笑，可是没想到第二天夫人将陪嫁物品全部卖了，变换成现钱。苏洵这下急了，追问夫人要干什么。夫人只笑吟吟地伸出了手：“君子一言！”无奈之下，苏洵只得击掌，但内心颇不以为然：一个女人怎么谋生呢？

程夫人在离家不远的市场边租赁了一间带后院的房子，稍加修葺，改装成一家纱縠行，经营布帛织物的生意。程夫人身先士卒，亲自动手洗涤、熨烫织物，其他人看到程夫人这样，也都各尽其职，各出其力。程氏纱行所经营的织品物美价廉，不缺尺少寸，很快有了固定的消费群体，打开了市场。经过程夫人的精心打理，苏家的生活条件逐渐有所改观，不出几年，竟也成为富庶之宅。

程夫人把家事一手承担下来，上事翁丈，下教子女，终日勤劳不息。苏洵看到妻子治家有方，于是彻底静下心来发愤苦读了，甚至说是废寝忘食地苦读了。每天早起晚睡，坐在书房里面用功读书。

在民间流传的故事中有一个苏洵吃墨汁的故事：端午节，程氏夫人看苏洵从一早就待在书房里面，也没有吃早饭，便特地剥了几只粽子，端了一碟白糖，送了进去。近午时分，程夫人收拾盘碟时，发现粽子已经吃完，但是白糖却原封未动，而在砚台的四周，却残留着一些糯米粒，再看苏洵的嘴边，一片黑一片白，黑的是墨，白的是糯米粒。程夫人强忍着笑，从墙上取下铜镜交给苏洵，苏洵一照，两个人不禁笑成一团。原来苏洵只顾着专心读书，却把砚台当成了糖碟，蘸着墨汁，“有滋有味”地吃完了这一盘粽子。这虽然是于史无考的民间轶事，但是这个故事也从另一个方面印证了苏洵的刻苦求学绝不是捕风捉影之事。

苏洵断绝了与之前的闲朋散友交往后，又结识了一些志同道合的文士君子，他们在一起共同探讨文章，谈论国事，彼此相互鼓励，相互促进，有的甚至成为一生的老友。陈公美和史经臣兄弟是苏洵最为情投意合的朋友。

陈公美与苏洵在天圣四年(1026)相识于京师。那年二人同时赴京就试，住在同一家客栈，相邻而居，因同为眉山人而相识，但是却双双铩羽而归。回到四川后，二人因为志趣不相一致，接触并不是很多。直到苏洵发愤读书后，二人才因为共同的追求而成为好友，并结拜为兄弟。苏洵在《答陈公美》诗中说：“念昔居乡里，游处了无猜。饮食不相舍，谈笑久所陪。拜君以为兄，分蜜谁能开。”可见二人友谊之深。

史经臣，字彦辅，眉山人，他性格豪放，与苏洵内向沉静的性格很不相同。人们很难理解，两个性格迥然相异的人，如何能相得甚欢，以至于成为莫逆之交。“忆子大醉，中夜过我，狂歌叫欢。予不喜酒，正襟危坐，终夕无言”（《祭史彦辅文》）。史经臣曾经喝得酩酊大醉，夜扣苏门，嚷着要和苏洵喝酒。酒后的史经臣更是壮怀逸兴，好发惊人之论；下笔属文，乃为壮丽文章。虽然苏洵不爱喝酒，但是二人都有着卓然不凡的志向，这正是二人成为挚交的原因，这份友情使苏洵感觉到自己和史经臣的心灵相通。“吾与彦辅，契心忘颜，飞腾云霄，无有远迩”（《祭史彦辅文》）。他们都相信若得权柄在手，自己定会是不负国家的栋梁之材。

景祐四年（1037）春，发愤苦学两年多的苏洵踌躇满志，意在必得，整装待发。临行前，他轻轻抚着因操劳而日见孱弱的妻子的肩头，多少嘱咐的话刚到嘴边，又都咽下，看看刚刚满月的儿子，他的心里真是有一千万个放心不下啊！

“一路上要多加小心，注意身体啊！”还是程氏先开口。

“我知道。家里就辛苦你了。你也是，一定要保重身体。”苏洵吻了吻妻子，又吻了吻尚在襁褓中熟睡的婴儿，踏上了征途。

苏洵再次进京应试。这次结伴而行的，是他的好友史经臣。苏洵根本没有意识到，等待他的，将会是怎样坎坷的科举路啊。

捉迷藏中巧教子

苏洵教育子女就像大禹治水，疏而不堵，利用孩子的逆反心理，引导他们产生读书的兴趣，从而成就了苏家震古烁今的历史地位。

小孩子真是见风就长，转眼间，苏洵的三个孩子就长大了：女儿八娘七岁，大儿子和仲（苏轼）五岁，小儿子同叔（苏辙）两岁。看着三个聪明伶俐的小家伙，苏洵从内心里感到高兴。但是，让他闹心的事也不少。女儿八娘温婉可人，颇有乃母风范，不需苏洵多操心。小儿子同叔（苏辙）老实憨厚，不大惹是生非。最让苏洵操心的是大儿子和仲（苏轼），小家伙非常顽皮，经常闯些不大不小的祸，但是又能找出种种理由为自己辩解，辩解得似乎又有一定道理，很是不好管教。苏洵认为，应该让他们认真读书，懂些事理了，虽然夫人程氏也断断续续地教他们认了一些字，指导他们读了些书，但毕竟不是很系统。

苏洵初始经常对他们动之以情、晓之以理，给他们讲读书的重要性，并亲自教导他们读书。然而，如此和风细雨式的说服教育方法收效甚微，孩子们身在曹营心在汉，这边嘴上跟着父亲读书，那边心早就不知道飞到什么地方去了。小家伙们左耳进右耳出，根本没当回事。

而后，苏洵又对孩子进行“强制教育”，规定每天上午在家学习，下午出去玩耍。可是这样的“双规”政策并没有起到多好的效果。小家伙们只是在书房耗时间，对于学习的知识根本不感兴趣。一到下课时间，就跟出笼的小鸟一样欢快地跑了出去。常常是前一天教的知识，第二天一问就忘了一大半。

苏洵为了孩子的教育问题很是苦恼。他经过细细观察，发现小和仲（苏轼）的好奇心非常强烈，只要他感兴趣的事情，就一定要弄个明白。而小同叔（苏辙）的个人意识则没有那么强烈，大多听从哥哥的意见。很快，苏洵就想出了如何引导孩子的好方法。

一个阳光明媚的下午，苏洵看到和仲（苏轼）兄弟又在屋檐下玩耍，于是拿了一本书，将书房的门大开着，拉了一把椅子，面对着门口坐着看书。苏洵看到小兄弟俩玩得高兴，就故意高兴得哈哈大笑。小哥俩听到父亲的笑声，脚前脚后地跑了过来。

“爹爹，爹爹，你怎么这么高兴啊？”和仲（苏轼）问道。

“啊，没什么。”苏洵故作神秘地说道，站起身来，把书藏到书柜最底层的一个抽屉里，转身很严肃地告诉哥俩：

“这里面的东西可不要乱动啊。”说完苏洵拉着小哥俩走出了书房，很认真地关好了书房的门，自己走了。

“弟弟，你说爹爹刚才看什么好玩的，那么高兴？”和仲（苏轼）好奇地问同叔（苏辙）。

“不知道。”同叔（苏辙）憨憨地答道。

“咱们进去悄悄地看看。”和仲（苏轼）跃跃欲试。

“爹爹不让，会挨骂的。”同叔（苏辙）有些胆怯。

“算了，其实也没什么好玩的。”和仲（苏轼）安慰自己。“走，咱们去花园。”俩孩子高高兴兴地走了。

躲在墙角的苏洵听到两个孩子的对话，偷偷地笑了。他知道，孩子基本上已经“上钩”了。

而后，每当孩子们玩耍打闹时，苏洵就找个他们能够看到的地方躲着读书，有时聚精会神，有时神采飞扬，有时又故作忧伤。而当孩子们围过来想瞧个究竟时，他又赶紧把书藏好，然后装作没事的样子，匆匆走掉，而且反复警告孩子们不能乱动。

孩子们发现了苏洵的这个怪现象，以为父亲瞒着他们看什么好东西呢，总想弄个明白。于是，有一天就趁父亲不在家时，悄悄地溜进书房，将书“偷”了出来，跑到花园的凉亭去看。兄弟俩打开书一看，是本《论语》。

“弟弟，你说，什么叫‘学而时习之，不亦说乎？有朋自远方来，不亦乐乎？人不知而不愠，不亦君子乎’啊？”和仲（苏轼）疑惑地问同叔（苏辙）。

“我不知道。”同叔（苏辙）以他一贯的慢悠悠的语气答道。

“晚上回来问爹爹。”和仲（苏轼）果断地说。

还没到晚上，下午苏洵一进家门，就被两个儿子一左一右地包围了。

“爹爹，爹爹，考你一个问题。”和仲（苏轼）狡黠地说。

“好啊，考吧，看看爹爹会不会。”苏洵轻松而得意。

“你说，‘学而时习之，不亦说（shuō）乎’是什么意思？”和仲（苏轼）带有挑战意味地问。

“啊，这个呀，应该是‘学而时习之，不亦说（yuè）乎。’就是说一个人不断学习知识，掌握道理，并且不断深入地理解，是让人感到很高兴的一件事情。”苏洵耐心地解释。

“为什么呢？”孩子们还是不大明白。

“嗯。比方说你吧，仲儿。你很小就会背李白的《静夜思》，但是那时你只会背，不知道它的意思。但是，现在你对诗歌的意思就很明白了。前几天你给小朋友讲李白的时候，讲得非常好。”苏洵适当地给和仲（苏轼）以鼓励。

“我知道了，爹爹，就是说必须学习才能知道很多事，学习了人才会变得聪明。”和仲（苏轼）少有地谦虚。

“对了，就是这样。”苏洵由衷的高兴。

“爹爹，那什么是‘有朋自远方来，不亦乐（yuè）乎’呢？”和仲（苏轼）接着问道。

“这句应该读作‘不亦乐（lè）乎’。是说掌握了知识以后，和朋友们一起讨论、一起提高、一起进步，也是让人值得高兴的一件事啊。”苏洵一句句地耐心解释着。

“那为什么是远方的朋友来了才高兴啊？近处的来了不高兴吗？”小和仲（苏轼）皱着小眉头，歪着小脑袋问道。

“哈哈哈，你这小家伙。不是这样的。”苏洵没有想到小和仲（苏轼）居然能提出这样的问题，他又惊又喜。“你想想，远方的朋友都愿意来找你探讨，近处的还能不来吗？”

“对对对，知道了，爹爹。史伯伯和陈伯伯来咱家的时候，我看见你们总是又说又笑的，你们就是这个‘有朋自远方来，不亦乐乎’，对不对？”小和仲（苏轼）为自己的聪明感到自豪。

“对呀——”苏洵知道小和仲（苏轼）进入状态了。“爹爹和史伯伯、陈伯伯谈谈时，论论政，彼此切磋磨合，当然高兴啦！”

“嗯！明白了。那后面‘人不知而不愠（wēn），不亦君子乎’呢？”小和仲（苏轼）的好奇心彻底被调动起来了。

“这句应该读作‘人不知而不愠（yùn）’。‘愠’就是生气、怨恨、恼怒、不高兴的意思。这句就是讲虽然别人不了解自己为什么要学习，但是学习是自己的事情，别人不理解也没有关系，只要自己坚持学习，就是很了不起的人。”苏洵循循善诱地引导着。

小和仲（苏轼）沉默了一会儿，好像在想些什么，然后面容非常庄重地说：

“爹爹，我长大一定好好学习，做个了不起的君子。”

“我也是。”同叔（苏辙）跟着哥哥奶声奶气地说。

“好好好，你们都是了不起的君子。那可得要好好学习的。”苏洵借题发挥道。

“知道了。爹爹，我们玩去了。”俩孩子颠儿颠儿地跑了。

渐渐地，小和仲（苏轼）和小同叔（苏辙）喜欢上了读书，而且，他们从中发现了阅读的快乐和趣味。在苏洵潜移默化地指导下，苏轼兄弟从小饱读经史百家之书，并养成了终身读书的良好习惯，“幼而好书，老而不倦”（《东坡先生墓志铭》）。苏辙曾说：“惟我与兄，出处昔同。幼学无师，先君是从。游戏图书，寤寐其中”（《再祭亡兄端明文》）。二人甚至晚年时仍然幸福地回忆“读书犹记少年狂，万卷纵横晒肚囊”（《初闻得校书郎示同官》）的情景。

苏轼和苏辙能成为一代名家，在很大程度上应归功于苏洵的良好的教育方式。苏洵教子，就像大禹治水，从孩子的好奇心和强烈的求知欲出发，积极引导，启发孩子的兴奋点，开发孩子的兴趣点，引导孩子自觉地学习。教育家赞可夫认为：“教学一旦触及孩子的情感意志领域，触及孩子的精神需要，便能发挥其高度有效的作用。”兴趣是学习者成功的内驱力，没有兴趣的地方就没有智慧的灵感。苏洵正是按照孩子的性情去培养他们，行之有效地激发起了两个孩子的学习兴趣，使他们将“要我学”转化为“我要学”，从而产生了强烈的学习动力。

苏洵捉迷藏巧教子的故事，应该引起我们现代家长的反思。如今那些望子成龙、望女成凤的家长们，不是积极、合理地引导孩子自觉学习，而是将孩子的时间安排得满满的，以为这样孩子的学习成绩就会提高。殊不知，在这样满负荷的压力下，孩子会产生极大的精神负担，甚至会产生厌学心理。现代家长不妨学学苏洵的教育方式，自己以身作则，同时让孩子自我调整、放下包袱也许会收到事半功倍的效果。

谈时论政说六国

西北边境的战事，牵动着苏洵关注时政的敏感神经。一篇关于六国破亡的沉思文字，语意深切，用心良苦。

宝元二年(1039)，苏洵收到二哥苏涣的来信，告知苏洵自己的同年董储将到眉山任知州，让苏洵方便的时候可以去拜访拜访。

董储，密州安丘(今属山东)人，为人豪爽大度，为政廉洁清明，关心时政。在苏洵首次拜会时，二人即相谈甚欢，相见恨晚，引为知己。此后，苏洵又将自己的好友史经臣、陈公美、张俞介绍与董储认识。董储家的客厅就成了他们品评诗文、谈论时政的地方。

张俞，字少愚，四川郫县人，自号白云居士，是当时著名的学者、诗人、隐士，也是很有见解的政论家，是苏洵在游历青城山时结识的好友。张俞虽然无心科举、无意仕途，但是却关心国家大事，他写的关于抵抗西夏入侵的文章，曾在朝廷引起很大的反响，以至于皇帝数次征召，但是张俞都拒绝了。苏洵与张俞彼此投缘，两人在一起总有谈不完的话题，苏洵甚至在青城山一待就是半年。要不是父亲苏序让人上山找他，苏洵还不知道要待多长时间呢。

康定元年(1040)，北宋王朝西北边境战事吃紧，西北部的少数民族西夏，又开始了对西北边境的侵扰。西夏在宋初就一直骚扰西北边境，真宗咸平年间，在攻掠河西走廊时遭受挫折，便暂时停止了侵扰，向宋王朝上表求和。后来西夏吞并河西，国势强盛，便重新发动对北宋的战争。而此时契丹也趁着西夏元昊作乱之际大举入侵，北宋王朝无暇他顾，求关南地，要求岁增纳银十万两、纳绢十万匹。一时之间，西北边陲硝烟弥漫。

国家战况也牵动着苏洵敏感的神经。

这一年端午节刚过，苏洵等人聚在董储府中，谈论边事。几个好友许久没聚，董储命下人准备酒饭，六菜一汤，要好好地聚聚。

“听说朝廷上任命韩琦安抚陕西了？”苏洵将一块麻婆豆腐放入嘴中，以探寻的眼光看着董储。

“嗯，听说范仲淹大人也坐镇延州了。”陈公美呷了一口酒，说道。

“是的，而且初战告捷，取得了一定的胜利。”董储挥舞着筷子，指点着江山，仿佛亲自参与了战斗。

“区区弹丸之地有何可逞？小小羌虏之邦不足为惧！”史经臣将一块笋片投入口中，使劲地嚼着，仿佛在咀嚼西夏国一样。

“史兄，这可不像你说的那么简单，”张俞边嚼着花生米边说。“我对西夏国做过一定的研究，别看这是个小国家，能征善战、诡计百端啊。对付这个国家，可不是一朝一夕的事啊，那得从长计议啊。”

“有那么玄乎吗？我隐约听说现在西北民间有个歌谣，‘军中有一韩，西贼闻之心骨寒；军中有一范，西贼闻之惊破胆’。有韩公、范公坐镇边陲，还怕他个小小戎狄？”史经臣不相信张俞所言，怀疑性地问道。

“贤弟，你别不信，白云居士所言不差。”董储放下筷子，“想我大宋，自建国起，与契丹、西夏军队大小六十余战，败多胜少。虽有如韩公、范公这等有才识、有胆略的将领，也不乏誓死报国的勇士，但朝中大臣主和者多，主战者少。韩公、范公者，纵有天大能耐，也难以施展啊！”董储忧心忡忡地摇了摇头，端起酒杯喝了杯闷酒。

“是啊，更何况君心难猜、圣意难测啊。”陈公美陪着董储也干了一杯。

“这样不断割地和解，就是抱薪救火、养虎为患啊！”苏洵略带忧心地感慨说道。

“可不是这样吗！”大家纷纷表示赞同。

好朋友许久不见，本来是打算聚在一起热闹热闹的，不想谈起国事，反而更添忧愁，几杯闷酒下肚，更是愁上加愁。

夜色阑珊，肴核既尽，几个人都已经渐入佳境。史经臣早已酩酊大醉，凭几而睡了。董储留张俞在自己府中暂住，陈公美和苏洵各自回家。

五月的夜晚，散去了白日的闷热，在朦胧的月光下，白雾缭绕、轻纱弥漫，四周绿草如茵，树木如盖，一派繁荣昌盛的景象。

可是一想到西北边陲吃紧的战事，想到连年的边患，苏洵又是一阵担忧。

推开家门，四周静悄悄的，家人早已睡去。苏洵没有直接回卧室，而是推开了书房的门，点一盏油灯，自己孤单单地坐着，想想今晚的聚会，他感慨良多。于是，研好墨汁，铺开纸张，奋笔疾书道：

六国破灭，非兵不利，战不善，弊在赂秦。赂秦而力亏，破灭之道也。或曰："六国互丧，率赂秦耶？"曰："不赂者以赂者丧，盖失强援，不能独完。故曰弊在赂秦也。"

秦以攻取之外，小则获邑，大则得城。较秦之所得，与战胜而得者，其实百倍；诸侯之所亡，与战败而亡者，其实亦百倍。则秦之所大欲，诸侯之所大患，固不在战矣。

思厥先祖父，暴霜露，斩荆棘，以有尺寸之地。子孙视之不甚惜，举以予人，如弃草芥。今日割五城，明日割十城，然后得一夕安寝，起视四境，而秦兵又至矣。然则诸侯之地有限，暴秦之欲无厌，奉之弥繁，侵之愈急，故不战而强弱胜负已判矣。至于颠覆，理固宜然。古人云："以地事秦，犹抱薪救火，薪不尽，火不灭。"此言得之。

齐人未尝赂秦，终继五国迁灭，何哉？与嬴而不助五国也。五国既丧，齐亦不免矣。燕、赵之君，始有远略，能守其土，义不赂秦。是故燕虽小国而后亡，斯用兵之效也。至丹以荆卿为计，始速祸焉。赵尝五战于秦，二败而三胜。后秦击赵者再，李牧连却之；洎牧以谗诛，邯郸为郡，惜其用武而不终也。且燕、赵处秦革灭殆尽之际，可谓智力孤危，战败而亡，诚不得已。向使三国各爱其地，齐人勿附于秦，刺客不行，良将犹在，则胜负之数，存亡之理，当与秦相较，或未易量。

呜呼！以赂秦之地封天下之谋臣，以事秦之心礼天下之奇才，并力西向，则吾恐秦人食之不得下咽也。悲夫！有如此之势，而为秦人积威之所劫，日削月割，以趋于亡。为国者无使为积威之所劫哉！

夫六国与秦皆诸侯，其势弱于秦，而犹有可以不赂而胜之之势。苟以天下之大，下而从六国破亡之故事，是又在六国下矣！

苏洵文思泉涌，犹如江河决口，奔腾出入，汩汩而来，全文如行云流水般一气呵成。写完之后，顿觉心中块垒尽出，神清气爽，熄灯掩门，回屋睡觉去了。

苏洵写这篇文章的时候，只是有感于自己内心压抑，如鲠在喉，不得不吐，他当时并没有意识到，这篇文章千百年来能够一直在浩如烟海的史论著作中独树一帜。全文尽管只有五百余字，但感情充沛，淋漓深痛，主旨鲜明，说理透辟，责古人、诫今人，体旨微妙，可谓“烦能不乱，肆能不流”，大有战国纵横家之雄风，故成为后世史论文写作的典范。欧阳修认为此文写得“纵横上下，出入驰骤，必造于精微而后止”，深得其中旨趣。在《六国论》问世七十多年后，金兵攻破汴京，携掳二帝而去，北宋遂被颠覆。事实证明，苏洵是具有敏锐的历史洞察力的。

最后的科场奔波

"庆历新政"重新燃起了苏洵的豪情壮志，他再次踏上了科举征途。等待他的是锦绣前程抑或依然是壁垒重重？

景祐四年(1037)苏洵第二次参加科举而名落孙山。自那以后，直到庆历年间，苏洵基本就断绝了科举的念头，大部分时间用于管理家业、教育孩子、游学交友，再没参加过科举考试。

庆历年间，西夏作乱，契丹寇边，庞大臃肿的政治机构竟然难以做出积极有效的应对预案，致使大宋王朝政治矛盾不断激化。面对国家的危机，一些有远见的政治家开始提出改革的意见。宋仁宗，这位不算年轻的皇帝终于下定决心要革故鼎新了。

庆历三年(1043)六月，仁宗皇帝任命范仲淹为枢密副使(国防部副部长)；七月，任命富弼、韩琦接任枢密副使。欧阳修、蔡襄、余靖、王素"四谏官"知谏院。革新派提出了改革政治的主张："一曰明黜陟，二曰抑侥幸，三曰精贡举，四曰择官长，五曰均公田，六曰厚农桑，七曰修武备，八曰推恩信，九曰重命令，十曰减徭役"(范仲淹《答手诏条陈十事》)。一时之间，朝野气象为之一新，这就是历史上著名的"庆历新政"。

新政中的“精贡举”一项是针对科举方面的改革，主要有两方面内容：一是将原来只考查记忆性知识的帖经、墨义废除，更改为考策论，而后试诗赋；二是在各州郡设立学校，讲授“经济之业”，培养“经济之才”。用现在的话说，就是普及素质教育，培养实用型人才。改革的核心就是希望能借此为朝廷选拔出更多的真正有用的人才。

与此同时，仁宗皇帝还恢复了废弃已久的制科考试，“置高蹈丘园科、沉沦草泽科、茂才异等科，以待布衣之被举者”（《宋史·选举志》）。下诏书：“朕开数路以详延天下之士，而制科独就不设，意者吾豪杰或以故见遗，其复置此科。……以待京、朝之被举及起应者。”

庆历新政再次刺激起苏洵的功名欲望，自己怎样也算是“有名蜀中”啊，考取个制科应该不成问题吧！

庆历五年（1045），春节刚过，苏洵和史经臣就决定提前进京，参加明年的制科考试。这一次，他们满怀豪情，充满希望地出发了。二人选择了经秦岭、过华岳，陆路前往京师。

一路之上，苏洵和史经臣风餐露宿，吃点简单的小吃，住在廉价便宜的小旅馆，晚间听着呼呼的风声，看着闪烁的灯光，两人都冻得手脚冰凉，蜷缩在冰冷的被窝里，无法入眠。

这一日，苏洵和史经臣来到长安，打听到石昌言家的住处，便一路寻来。递上名刺，很快石昌言传话，让速速有请。自石昌言宝元元年（1038）进士及第，外派为官，苏洵和石昌言就再也没有见过面。这一次，苏洵之所以选择陆路，就是想看望一下石昌言。

坐在石昌言宽阔、敞亮的客厅，苏洵一边喝茶一边逗趣石昌言：

"我说，你这房子很气派嘛！"

"呵呵，你呀你，又拿老哥开玩笑。"石昌言笑着说。"怎么样啊，这些年，一直挺惦记你的。前几年听说你游荡废学，我恨得牙根都痒痒了。"

"哈哈哈。惭愧惭愧，让老哥费心了。如今政治清明，我也进取进取。这不，和史兄一同赴京，参加明年的制科考试。"

"是啊，方今天子革除弊政，两位此去定能宏图大展。"

"对了，昌兄，我这里有些文章，劳烦你过目一阅，指导迷津。"苏洵从包裹中取出自己这些年写的一些文章，递给石昌言。

石昌言接过苏洵递过来的文稿，仔细地阅读着，看完之后掩卷沉思，然后拿过文章又看了看，而后，猛地一拍桌子，说道：

"好！好文章！格调高古，直追汉魏，笔法老到，切中时弊，远超流俗啊！"

苏洵听到石昌言对自己的文章如此推崇，也很受鼓舞，道：

"我壮年为学，入门已晚，又无师承，全是独自摸索。虽常常下笔属文，但内心颇感惭愧。真如仁兄所言，此去自当奋发而后已！"

宾主相见甚欢，时光仿佛倒流回了数十年，回到了那青葱的岁月，回到那辽远的岷江江岸。而在此次的相逢中，苏洵也才知道，自己的二姐、石昌言的嫂子早在几年前病故了。

苏洵和史经臣在这里盘桓数日，石昌言一再挽留，但想到两人有要事在身，也只好放行。

早春的阳光照在身上暖洋洋的，苏洵和史经臣意气风发，探讨着到了京师如何拜会欧阳修、范仲淹等名流。他们不知道，这个时候，庆历新政已经岌岌可危了。

庆历新政直接触犯了封建腐朽势力，限制了大官僚的特权，保守派对此恨之入骨，随着新政推行逐渐损害了他们的利益，便集结在一起攻击新政，诬蔑范仲淹、富弼、欧阳修等结交朋党，串通宦官不断在宋仁宗面前散布范仲淹、欧阳修等私树党羽的谣言。

庆历五年(1045)正月，仁宗免去范仲淹的参知政事，出知邠州；富弼也同时罢政，出知郓州。韩琦上书为富弼鸣不平，三月，他也被仁宗罢去了枢密副使之职。十一月，仁宗颁诏强调“至治之世，不为朋党”，不点名的批评有人“阴招贿赂，阳托荐贤”。范仲淹一见到诏书，就上表自请流放。至此，新政派被悉数赶出了朝廷，新政所推行的部分改革措施几乎全部废罢。庆历新政彻底失败。

庆历五年(1045)是个多事之秋。苏洵和史经臣刚刚满怀豪情地到达京师，渴望有所作为，但是，政局的突变，让他们措手不及，倍感失望。苏洵在《上欧阳内翰第一书》中回忆这段历史，写道：

往者天子方有意于治，而范公在相府，富公为枢密副使，执事与余公、蔡公为谏官，尹公驰骋上下，用力于兵革之地。方是之时，天下之人，毛发丝粟之才，纷纷然而起，合而为一。而洵也，自度其愚鲁无用之身，不足以自奋于其间，退而养其心，幸其道之将成，而可以复见于当世之贤人君子。不幸道未成，而范公西，富公北，执事与余公、蔡公分散四出，而尹公亦失势，奔走于小官。洵时在京师，亲见其事，忽忽仰天叹息，以为斯人之去，而道虽成，不复足以为荣也。

信中充分表明了自己对于庆历新政失败时的失望之情。而亲历政局的翻云覆雨，也让苏洵更为深刻地认识到了北宋王朝的政治弊端。

庆历新政的夭折，让苏洵他们的这次赶考隐隐地笼罩着不祥的兆头。但既来之则安之。苏洵和史经臣找了家旅店安顿下来，为考试做着准备。苏洵预感到，他们此次的考试凶多吉少。

在煎熬中等待，在等待中煎熬，制科考试的日子终于到了。考试当天，苏洵和史经臣半夜就早早起来，盥洗完毕，带上事先准备好的饭团和烧饼，站在东华门外，一直等到天光大亮。然后排成东西两队，鱼贯进入考场。仁宗皇帝高坐龙椅，一番例行讲话，翰林院学士将试卷发与应试人员。看看题目，苏洵挥笔而答，洋洋洒洒，一蹴而就。

等待，在焦灼中等待……

不久之后，考试结果公示了。苏洵和史经臣双双落榜。

宋代的科举考试，分为常科与制科两类。常科考试每隔一年或二年分科举行，英宗治平三年(1066)才定为三年一次。制科考试是由皇帝下诏亲自主持的临时考试。在有宋一代三百二十一年间，制科考试设置二十二次，仅录取四十一人。由此也可以推断，制科考试之难远胜于常科。苏洵和史经臣的落榜也属正常。

怀着对政局的失望和制科考试失败的沮丧，郁郁寡欢的苏洵和史经臣决定离开京城。正在这时，一个消息传来，二哥苏涣要回京述职。自母亲去世后，兄弟二人再没相见。苏洵临时改变行程，决定在京城盘桓些时日，与二哥相见之后再做打算。

苏洵在宣德门外迎候到了回京的哥哥。在苏涣眼中，这个原本活泼好动的弟弟变得沉稳少言了。兄弟俩叙了叙家常，相互安慰、相互鼓励，带着哥哥的嘱托，默默地记诵着苏涣送给自己诗中的两句话“人稀野店休安枕，路入灵关稳跨驴”，苏洵离开了京师。

庆历七年（1047）的春天，春阳和煦，春风轻拂，京师依旧繁华热闹、依旧清明祥和。刚刚过去的政治风云也似乎并没有给京师百姓的生活带来什么影响。商人关心物价，百姓着意衣食。京师街头熙熙攘攘的人流，行色匆匆的过客，没有谁会多看苏洵这个再次遭受科举落第打击、忧心忡忡的失意人一眼。

站在曾经向往的虹桥之上，看着笑逐颜开的人们，苏洵内心苦闷异常，他不知道该何以面对年迈父亲的等待，该何以面对辛劳妻子的期盼，该何以面对年少儿女的天真眼神。

回家，一个简单的词语，一个简单的行为。如今，对于苏洵而言，竟是如此的沉重，如此的难堪。

不惑之年的转折

父亲的骤然离世使苏洵陷入了深深的沉思，他终于想通了：科举考试的声律章句的记诵并非自己所长，只有坚持自己的风格，才能找到自己的出路。

庆历七年(1047)五月，七十五岁的苏序与世长辞。苏序老人去世的时候，苏洵正在西南的山光水色中疗救自己落榜的痛楚。他要借滚滚长江水洗去一路的风尘，借郁郁江南树拂去心里的阴霾。一天早晨，风尘仆仆的下人送来二哥的来信。打开一看，惊呆了，信中传来了不幸的消息：父亲苏序去世了！

噩耗结束了苏洵的漫游，他怀着悲怆哀戚的心情，踏上了返乡的归途。

在临江，苏洵与史经臣会合了。苏洵与史经臣本来打算结伴儿同游庐山的，但中途史经臣接到书信，说弟弟史沆遭人诬陷，被捕入狱，便独自留在临江打探消息，苏洵则继续南行。二人见面后，史经臣看到苏洵已被丧父之痛折磨得形容憔悴，就坚定地握住苏洵的手，安慰着苏洵，并决定陪同苏洵一起返回眉山。一路之上，苏洵想起四十年中父亲的理解、宽容、支持和爱护，想起自己的固执、任性、肆意而为，更加的伤感悲痛。

江风呼号，江水咆哮，苏洵觉得自己身心交瘁。

安葬了父亲，苏洵枯坐在书房，每每呆呆地出神。有时他不经意地揉搓着风霜侵染的额头，人生的艰辛在这里留下了点点的痕迹：长子的离世、次女的暴卒、长兄的故去、二姐的病逝，现在父亲也驾鹤西去。人生的苦、老、病、死这些年来接连向他袭来，不觉间自己已近不惑。想想自己，家虽成，业未立，何去何从，苏洵有些迷茫了。

庆历新政的失败和自己的制科不第，引起了苏洵深深的思考：如果说自己的初举不第是因为"少不喜学"声律属对，但自己发愤苦读仍未及第，特别是制科考试的榜上无名，就绝不仅仅是自己个人的问题，而是科考制度存在着局限性。回顾自己的求学之路，苏洵意识到，自己走入了人生的歧途：人各有所长，亦各有所短，自己并不长于时文，但为了适应科举却刻意学习时文，结果却是邯郸学步，不但时文没有学好，就连自己擅长的古文也不能灵活运用。

苏洵想起了自己在京城结识的凫绎先生颜太初，他隽才博学、慷慨好义，诗文直指时弊，激言当世之过。读颜先生的文章，凿凿乎如五谷必可以疗饥，断断乎如药石必可以伐病。苏洵忽然间明白过来："这样文章才是我想要的呀。"

苏洵将自己十多年间写的文章悉数拿出放在地上，又从桌下取出个火盆，用火石将自己所做的数百篇文章一张张点着，这些文章中就有被石昌言所称赞为"格调高古、远超流俗"的。看着蹿动的火苗轻快地向上飞舞着，苏洵觉得自己的心情刹那间也像这火苗一样轻舞飞扬，舒畅了许多。这段时间积压在内心的郁闷愁苦，仿佛随着这些文字化为灰烬而消散了。

家人闻到书房散出的烟火味，看到书房的门窗缝隙泛出的缕缕青烟，赶快通知了苏涣和程夫人。大家推开房门一看，只见苏洵坐在地上，正在焚烧自己数十年苦心孤诣写就的文章。程夫人急了，上前就要抓出火盆中的纸张，被苏涣一把抓住。苏涣没有说什么，只是对程夫人轻轻地摇了摇头。

大家就这样静静地看着苏洵在那里焚烧文章，书房静得只能听到火舌发出的轻轻的噼啪声。

苏洵终于焚完旧稿，站了起来。程夫人一步跨过去，看着一盆黑黑的纸灰，心疼地问道："相公，好好的怎么都烧了，这可是你十几年的心血呀？"

苏洵笑了笑，什么也没有说。

"弟妹，带着孩子们先下去吧，我和三弟说会儿话。"苏涣轻声安慰程氏。

程夫人带着三个孩子和家人先下去了，苏涣关好房门，边收拾火盆边问苏洵：

"三弟，你是怎么想的？"

"二哥，这几天我想了很多，我觉得，我不是很适合走科举之路。我虽然说不上多么卓尔不群，但也绝不是蠢钝不堪。我喜欢汉魏古文，但为了考取科举，这么些年苦攻章句、名数、声律之学，这是我的不幸。如果我在进士、制策这条路上走下去，我不会有什么前途的，也显现不出我的优势。"苏洵很客观地分析着自己。

"这倒是,你从小就喜欢古文。"苏涣点头附和道。"那你下一步有什么打算呢?"

"也没有什么具体的打算。不过,如果没有了这些束缚,我可以选些自己喜欢的书读读,写些自己喜欢的文句。这大概也是人生之一大幸吧。"苏洵有些调侃地说道。

"而且,和仲、同叔都大了。以前我管的也不多,都是他们娘操心。我得为孩子们着想了,不能耽误了孩子。"苏洵想起了自己的童年,深有感慨地说。

"这样也好。天生我材必有用,也许换一种方法,能找到另一条出路。"

母亲的去世,苏洵反思自己,开始静下心来"始知读书";父亲的去世,成为苏洵人生的又一大质变的转折与飞跃。他彻底放弃了苦读时文,断绝了科举的念头,转而研究古代的文化学术思想,这就是他自己在《上欧阳内翰第一书》中所说的"绝意于功名而自托于学术"。

"到家不再出,一顿俄十年"(《忆山送人》)。从庆历七年(1047)到嘉祐元年(1056)这十年间,苏洵基本上没有离开眉山。没有了科举的殚精竭虑,没有了时文的约束捆绑,苏洵真正地获得了自由,精神上的绝对自由。他沉醉于先贤原著的研读之中,取《论语》、《孟子》、《庄子》及其他圣人、贤人之文认真琢磨,蓦然发现,原来"孟子之文,语约而意尽,不为巉刻斩绝之言,而其锋不可犯。韩子之文,如长江大河,浑浩流转,鱼鼋蛟龙,万怪惶惑,而抑遏蔽掩,不使自露,而人自见其渊然之光,苍然之色,亦自畏避，不敢迫视”(《上欧阳内翰第一书》)。过去为了应付考试而走马观花，从没有细细品味文章的个中深意，现在自己心无旁骛，既能钻进去，也能跳出来，反复咀嚼，“骇然以惊。及其久也，读之益精，而其胸中豁然以明，若人之言固当然者，然犹未敢自出其言也”(《上欧阳内翰第一书》)。他暗暗为自己定下的目标是“究六经百家说，考古今治乱成败”。

“先君昔未仕，杜门皇佑初”(苏轼《答任师中家汉公》)。苏洵在研究古代文化思想的同时，对家中的四库藏书进行了辑校，这既是为了给儿子们选择阅读的经典，也是为了进一步增加自己的文史知识。他的政论，旁征博引，借古喻今，正是得力于他对古籍的深入研究，《嘉祐集》中的大部分作品，都是在这十年中的后半期写就的。

人生就像一个迷宫，哪一条路通往成功，谁也不清楚。大部分人都抬眼望着成功人士的背影亦步亦趋地前行，但是自己的脚落在了哪里，却少有人去问津。等到无路可走的时候，才想起看看脚下，想要回头，却已无体力精力继续前行，而就此草草地结束了一生。

苏洵是明智的，几次科举失败后，在不惑之年，毅然决定放弃科举而自托于学术，从而打开了自己人生的敞亮大门，成就了自己，也成就了苏轼与苏辙。

人啊，与其总是仰望前方难以触及的绚烂风景，倒不如低下头来看看脚边实实在在的道路。脚下也有风景，不要总是仰望天空。

阐字释名二子说

知子莫若父。为了给两个儿子起个合适的名字，苏洵可谓煞费苦心。苏轼、苏辙的名字中，寄寓着苏洵对儿子的期望和忧虑。

苏洵科考、游学时期，家里的大小事务大多是由程夫人打点。当是时，三个孩子尚小，程夫人忙不过来，就请了两个奶妈帮忙照顾。八娘和小和仲（苏轼）的奶妈叫任采莲，聪明开朗，勤俭能干，手工针线活也好；小同叔（苏辙）的奶妈叫杨金蝉，性格内敛，鲜言寡语，不善言辞，干活麻利而又心中有数。也许因为与乳母在一起的时间比较多，两个兄弟自小就显示出性格上的差异，一个旷达不羁、锋芒外露，一个含蓄深沉、冲和淡泊。

转眼间，三个孩子都长大了，两个儿子还没正式取名，程夫人为这事好几次催促苏洵了。其实，并不是苏洵不把给孩子取名的事放在心上，反而是因为苏洵对两个儿子寄予着极大的希望，不愿轻易为之，所以就一直拖着了。在苏洵看来，名字不仅仅是一个符号，它凝聚着父母对孩子的深情厚谊和殷切期望，隐寓着不同的理想抱负、情趣、爱好与目标追求，应该灌注着人生的信念，能对人生起到潜移默化的作用。

归隐居家的日子平静而孤寂，这其中让他最感快乐的一件事就是课子读书。小兄弟俩跟随张易简道长和刘微之先生完成了声律之学。现在苏洵将他们接回来，亲自指导他们学习，引导他们从历史的视角深入地看待问题。

苏洵指导孩子学习，不是强迫，而是引导与探讨，整个学习过程就像父子谈话，其乐融融，没有为师为父的严苛，也没有为子为女的拘谨。这一日，苏洵给孩子们讲完《曹刿论战》，让三个孩子讨论长勺之战中弱小的鲁国能战胜强大的齐国的原因。

性格直率爽朗的和仲（苏轼）抢先说："因为曹刿指挥得当，能够掌握正确的战略战术，避敌锋芒，以逸待劳，临阵而斗，用智为上。曹刿根据齐军来势凶猛、人数占优的实际情况，采取坚守不出、挫其锐气的策略，没有一开始就盲目地以卵击石。通过双方勇力的消长，扭转了双方力量对比的优劣关系，结果一举溃敌。取胜之后，曹刿没有盲目追击，因为他深知兵不厌诈之道，唯恐中齐国诱敌伏击的圈套，说明他不仅善于用计，而且高度警惕，时刻防备对方运用计谋。知己知彼，运筹帷幄，表现出一位军事家的卓绝风采。所以曹刿的谋略得当、文韬武略和卓越的军事本领、指挥才能，才是鲁军战场取胜的关键。"

说完，得意地看着苏洵，等着父亲的褒奖。苏洵听着小和仲（苏轼）头头是道的分析不断地点头，但在和仲（苏轼）昂着小脸儿朝着自己满怀期待的时候，苏洵装作没有理解的样子，只是淡淡地说："仲儿分析得有一定道理。那还有没有其他方面的原因？"苏洵启发道。

“我觉得鲁庄公的知人善任、礼贤下士的王者风范，也是鲁国取胜的重要原因。”沉稳的小同叔（苏辙）慢悠悠地补充道。“鲁庄公作为一国国君，不高高在上，不因曹刿是一个平民而拒绝接见；不仅见，还有问必答，有求必应，打仗时还让他同乘一辆战车，可谓礼贤下士。他不固执己见，在提出的迎战条件的前两条遭到否定后，他不气恼，继续提；打仗时要反攻，想追赶又连遭制止时能从谏如流；他不耻下问，认真求实，没有掩饰自己的无知，战后虚心向曹刿请教制胜之道，学习战争经验；他能取人之长，补己之短，有自知之明和知人之智，用人不疑，放手让曹刿施展才干，可谓虽鄙不顽犹大智。可以说，没有庄公的允许和支持，曹刿即使再怎样有志有才，也不可能得到施展。所以，正是因为鲁庄公从谏如流、虚怀若谷，曹刿才能统率弱鲁战胜强齐，创造了长勺之战以弱胜强的光辉范例。因此鲁庄公也应算一个英雄。”

看到两个孩子年纪轻轻就能这么客观地分析问题，苏洵觉得非常欣慰。

“爹爹，我觉得鲁国胜利的原因在于鲁国上下团结，君民一心。”八娘插言说道。“曹刿见到庄公以后，开门见山地问他何以为战。庄公讲：生活中的衣服食物，不敢独享，必定要分给身边的人；祭祀时所用供品必定如礼，从不敢擅自更改；在处理案件时，无论大小，总是根据实情、慎重处理。从这番对话中，可以看出鲁国政治清明，民心所向。这样，鲁国抵御齐国不义之师，本来就是正义之举，加上国人支持，取胜也就是情理之中的事了。”

“对对对，”苏洵总结道：“孟子说：天时不如地利，地利不如人和。齐国远道伐鲁，本已丧失天时；异地作战，丧失地利；不义之战，丧失人和。天时、地利、人和三者都不具有，本身就处于劣势。而鲁国以逸待劳，面对强敌压境的紧张形势，鲁国上自国君庄公，下至平民曹刿，均以国家利益为重，精诚团结，奋起抗敌，其势当然难以被击败。曹刿出身卑微，平素生活困苦，面对乡人‘肉食者谋之，又何间焉’的困惑，毅然以国家兴亡、匹夫有责为动力，尽力报国。鲁庄公虽贵为一国之君，却不固执武断，他唯贤是举，将有才能却出身卑微的曹刿引为谋臣，屈身听命，明君风采令人钦佩。曹刿如有才而不出，庄公就无从得一贤辅；庄公如有贤而不用，曹刿亦无从发挥其才智。所以说，鲁国的胜利，应该是天时、地利、人和等多方面原因造成的。”

看着三个聪明伶俐的儿女，苏洵感到分外的满足。“你们刚才分析得都对，不过，如果能综合到一起就更完美了。”苏洵鼓励着三个孩子。“下面看看你们谁能在最短的时间内把这篇文章背下来。”苏洵趁热打铁。

三个孩子一听，马上争先恐后地大声背开了。

……公将鼓之。刿曰：‘未可。’齐人三鼓。刿曰：‘可矣。’齐师败绩。公将驰之。刿曰：‘未可。’下视其辙，登轼而望之，曰：‘可矣。’遂逐齐师。……

听着三个孩子朗朗的背书声，苏洵心中忽然一动，自言自语道：

“下视其辙，登轼而望之……下视其辙，登轼而望之……”

看着父亲迷离的眼神，喃喃自语的神情，三个孩子有些不知所措，渐渐地停下了背书声。

还是小和仲（苏轼）胆子比较大，上前推了推苏洵，小声地问道："爹爹，爹爹，你怎么了？"

苏洵从沉思中醒来，摸了摸和仲（苏轼）的小脑袋，乐呵呵地说道："没事儿，没事儿。"然后，将小同叔（苏辙）叫了过来，说："仲儿，同儿，你们都长大了，该取个正式的名字了。你娘都催我好几次了，因为没想好就一直拖着了。刚才听到你们背书，我忽然想到一个好名字。"

"仲儿，"苏洵看着小和仲（苏轼）说，"爹爹给你取名轼，字子瞻。"

"同儿，"苏洵揽过小同叔（苏辙），"爹爹给你取名辙，字子由。"

"轼、辙，"小和仲（苏轼）轻声念叨着，"爹爹，就是'下视其辙，登轼而望之'的轼、辙吗？"

"对呀。"苏洵解释道，"轼是车辇之上的横木。古代皇上出巡，将军指挥战斗，都要靠在车轼之上。爹给你取名轼，就是希望你能成为辅佐之才，有用之才。你性情过于外露，不知掩饰，容易被外物所伤，所以爹将你的字取为子瞻。子瞻、子瞻，你要瞻前顾后，谨慎小心。像弟弟一样，多一份沉稳，少一分率性。"

"嗯，爹爹，知道了。"苏轼频频点头。

"同儿，"苏洵转而对小同叔（苏辙）说："车辙是车子走动后留下的印痕，一旦车子受损，上面乘坐的人和拉车的马都将遭到不测，但车辙却永远不会出事。车辙自己不能左右自己，所以爹给你取名子由。子由、子由，祸福均与你无由，你要把握好自己。”

“我知道了。”苏辙听得异常专心。

“八娘，”苏洵对着站在旁边，不言不语的女儿说道，“给爹爹研墨。”苏洵铺开纸张，饱蘸浓墨，挥笔写道：

> 轮、辐、盖、轸，皆有职乎车，而轼，独若无所为者。虽然，去轼，则吾未见其为完车也。轼乎，吾惧汝之不外饰也。
>
> 天下之车莫不由辙，而言车之功者，辙不与焉。虽然，车仆马毙，而患亦不及辙，是辙者，善处乎祸福之间也。辙乎，吾知免矣。

这篇短文仅仅百字，却很巧妙地借名字加以发挥，取物设譬，针对两个儿子的长处与弱点，进行了为人处世方面的教诲，并提出自己的期望，教导儿子要为社会贡献自己的力量，做一个对国家、社会有用的人，同时也流露了自己的担心。明代文学家杨慎评此文说：“字数不多而婉转折旋，有无限意思。此文字之妙观。此老泉之所以逆料二子之终身不差毫厘，可谓深知二子矣。”

知子莫若父。观苏轼、苏辙二人生平，苏轼“一肚皮不合时宜”，于党争中不知自保，落得一生坎坷；苏辙才华能力虽不及其兄，但仕宦生涯远比苏轼顺利，虽然也有流放贬谪，但大多为苏轼所累，且能很快还朝，终能免祸，悠闲地度过了晚年。二人成年后生活的种种情形，竟与苏洵当初所预料、所担忧者完全相同。

明智的父母，总是教导子女首先学会生存之道，然后再寻求发展之径。苏轼写过一首《洗儿诗》："人皆养子望聪明，我被聪明误一生。惟愿孩儿愚且鲁，无灾无难到公卿。"从表面看是对自己遭际的感慨，有对现实的不满和愤懑，也有辛酸和无奈，其实也是对自己一生未能很好地掌握生存之道、不知"外饰"而屡屡受挫的反思。

风行水上说"文甫"

风水相激，非为风纹，非为水纹，而成自然之纹理。恰如君子立于世间，不求贤达，而其言行却为世人效法。

苏序过世之后，苏涣返家居丧，兄弟俩将父亲安葬在苏家先茔之侧。按照古人的丧礼，父亲去世，子女要为父亲守孝三年，虽王公大臣，亦不能免。居丧的这段日子，苏涣就和弟弟苏洵一起指导两个侄子读书。苏涣非常喜爱两个聪明颖慧、悟性极高的侄子，苏轼和苏辙也非常喜欢沉稳干练的二伯。

夏日眉山的傍晚，消散了白天的闷热，淡化了鸣蝉的悸动，整个城市显得安宁而又静谧。暮色呈现出暖黄的光，映着路人匆匆的身影，投在甬长的青石小路上，深深浅浅，片片点点。

苏家的后花园，苏涣和苏洵坐在宽大的藤椅中乘着凉、聊着天、喝着茶，苏轼和苏辙在旁边跑来跑去，欢快地追逐着一闪一闪的萤火虫。

"爹爹，看我抓的萤火虫。"苏辙满头大汗地跑了过来，张开小手，萤火虫一个个地飞了起来。

"我抓的比弟弟的多。"苏轼也跟了过来。

“好了，好了，歇一会儿，看这满头大汗的。”苏洵怜惜地擦着苏辙脸上的汗水。

“爹爹，我们做游戏吧。”苏轼斜倚在苏涣的身上，对着苏洵狡黠地笑着说。

“好啊，你说做什么游戏？”苏洵仿佛猜透了苏轼的小秘密。

“那我们来猜字吧。”苏轼自信地回答。

猜字、猜故事游戏是苏家父子，甚至宋代文人，都非常喜欢的一个小游戏。就是猜出某一字或者某一故事在某首诗中有或某种书中。李清照在《金石录》中也曾提及自己和丈夫赵明诚赌书泼茶的故事，“每饭罢，坐归来堂烹茶，指堆积书史，言某事在某书某卷第几页第几行，以中否角胜负，为饮茶先后。”

“好吧，谁来出题。”苏洵坦然应战。

“我们考你们。”苏轼当仁不让。

“出题吧。”苏洵、苏涣对视一眼。

“那你们说出《诗经》里带父亲名字的诗篇章句。”苏轼、苏辙小声商量后，大声地说。

“好。有《邶风·击鼓》：于嗟阔兮，不我活兮；于嗟洵兮，不我信兮。”苏洵信手拈来。

苏涣接道：“有《邶风·静女》：自牧归荑，洵美且异。匪女之为美，美人之贻。”

“有《郑风·叔于田》：叔于田，巷无居人。岂无居人，不如叔也。洵美且仁。叔于狩，巷无饮酒。岂无饮酒，不如叔也。洵美且好。叔适野，巷无服马。岂无服马，不如叔也。洵美且武。”苏洵侃侃而答。

“还有《唐风·羔裘》:羔裘如濡,洵直且侯。彼其之子,舍命不渝。《郑风·有女同车》:有女同车,颜如舜华。将翱将翔,佩玉琼琚。彼美孟姜,洵美且都。”苏涣对答如流。

“还有《郑风·溱洧》:洧之外,洵訏且乐。维士与女,伊其相谑,赠之以芍药。《陈风·宛丘》:子之汤兮,宛丘之上兮,洵有情兮,而无望兮。”苏洵挑衅地看着苏轼和苏辙。

“怎么样啊?小才子?”苏涣逗弄着顽皮的侄子。

“算你们答对了。出题吧。”苏轼有些悻悻然。

“出题吧,我们也能答对。”苏辙全力地帮着哥哥说话。

“那,你们就以二伯名字为题,说说《诗经》中有哪些诗句吧?”苏洵接着苏轼的题目问道。

“《郑风·溱洧》:溱与洧,方涣涣兮。士与女,方秉蕑兮。”苏轼率尔而对。

“《周颂·访落》:访予落止,率时昭考。于乎悠哉,朕未有艾。将予就之,继犹判涣。维予小子,未堪家多难。绍庭上下,陟降厥家。休矣皇考,以保明其身。”苏辙不甘落后。

“还有呢?”苏洵故意挑衅地发问。

苏轼、苏辙两个人对看了一会儿。

“想不起来了。”苏辙小心翼翼地说。

“想不起来就是没有了。”苏轼狡辩道。

“哈哈哈,好好好。想不起来就是没有了。”苏涣大笑道,“三弟,你看咱轼儿多自信。后生可畏,后生可畏啊。”

"哈哈哈，好了。一比一，平局。就这样吧。轼儿、辙儿，你们先去玩，爹爹和二伯说点事。"苏洵打发走了苏轼和苏辙，转过身来对苏涣说：

"二哥，我刚想起点事儿。我觉得你的字应该改一改？"苏洵和苏涣商量着。

"为什么？公群，不好吗？"苏涣颇感疑惑。

"二哥，你看，《易经》第五十九卦《涣》卦六四爻辞：'涣其群，元吉'，这是你的名与字的出处。对不对？"苏洵解释道。

苏涣道："正是，元吉元吉，洪福大吉，有何不好？"

"嗳，二哥只知其一，不知其二。"苏洵感叹道："从卦象上说，六四，阴爻，正当其位。从表面来看，确实没什么问题。但是结合'涣'卦本意来看，问题就出来了。"苏洵耐心地解释着。

"此话怎讲？"苏涣感觉更加疑惑了。

"二哥，你看，从卦意来说，'涣'卦的涣散是紧接'兑'卦的喜悦而来的，开心一悦，气血由凝结而疏散，涣然冰释。从'涣'卦的本质而言，'涣'就是涣散，涣散是聚合的反面，有聚合就会有涣散。涣散是聚合的前提，聚合是涣散的旨归。两者相反相成。群者，是圣人将百姓分散而治以便统一管理。二哥你字公群，那就是将圣人想要解散荡涤之事为己任，你觉得合适吗？"苏洵条分缕析，逐字解释道。

苏涣恍然大悟道："真是这样啊？三弟你可否替我改个字号？"

苏洵想了一会儿工夫，对苏涣道："用'文甫'替代'公群'，怎样?”

“这怎么讲?有何深意?”苏涣问道。

“二哥,你看,‘涣’卦的卦形是下坎上巽,巽为风,坎为水,风行水上,是为涣也。”苏洵站起来,边踱步边说:

> 且兄尝见夫水之与风乎?油然而行,渊然而留,渟洄汪洋,满而上浮者,是水也,而风实起之。蓬蓬然而发乎大空,不终日而行乎四方,荡乎其无形,飘乎其远来,既往而不知其迹之所存者,是风也,而水实形之。今夫风水之相遭乎大泽之陂也,纡余委蛇,蜿蜒沦涟,安而相推,怒而相凌,舒而如云,蹙而如鳞,疾而如驰,徐而如徊,揖让旋辟,相顾而不前,其繁如縠,其乱如雾,纷纭郁扰,百里若一,汩乎顺流,至乎沧海之滨,滂薄汹涌,号怒相轧,交横绸缪,放乎空虚,掉乎无垠,横流逆折,濆旋倾侧,宛转胶戾,回者如轮,萦者如带,直者如燧,奔者如焰,跳者如鹭,跃者如鲤,殊状异态而风水之极观备矣!故曰:风行水上涣。此亦天下之至文也。
>
> ——《仲兄字文甫说》

当风行水上,由水而观之,波光粼粼,水光潋滟,浩浩荡荡,恣肆汪洋,虽表现为水的状态,但其实为风之推动;自风而观之,存之四方而飘荡无形,来无影去无踪,虽为风之本,却借水之貌体现出来。当风、水相交,呈现出万千姿态:在山川平地随物赋形,滔滔汩汩,一泻千里,或舒卷如云,或纠结如鳞,或疾如奔马,或徐如徘徊;在江河湖海则浩瀚汹涌,波翻浪滚,辗转腾挪,气势磅礴,回环婉曲若车轮,连绵起伏若锦带,奔腾翻转若烈焰,巨浪排空若银鲤。这是天下最为生动、最为自然、最为本真的景致，是“天下之至文(纹)”。

苏涣惊叹道：“好一番风水之论。文者，风水相激之图景也；甫者，父也，大也，美男子也。文甫者，风行水上之壮锦也。好名字！好名字！”

“正是。”苏洵接着说：“风与水之间，无意相求，却又不期而遇，形成纹路。此之纹非为水纹，也非风纹，而是自然之纹。就像君子为人处世一样，不求有功于世，但其行为却成为世人楷模，所以大家认为他是圣贤；不想发表什么宏论，但其言语切中本质，所以大家认为他的话是至理名言。”

苏涣调笑道：“行啊，三弟。平时不见你读书，竟然对《易经》有如此深的考究。言之有理，言之有理，就照你的意思改了。”

于是苏涣就将自己的字由公群改为文甫了。

痛失爱女心自尤

爱女八娘是苏洵的掌上明珠。乡人皆嫁重母族的地方风习造成了八娘不幸的婚姻悲剧。八娘的含恨离世，是苏洵心中永远的痛。

苏小妹是民间故事中颇具传奇色彩的女性之一。她斗智苏东坡，出题难新郎，演出了一幕幕才女斗才子的喜剧。但是，在历史的真实中并没有苏小妹一人，苏轼也没有什么妹妹，倒是有个姐姐苏八娘。与传说中的苏小妹一样，苏八娘聪明伶俐，温婉可人，受家风濡染，八娘也略通文墨，下笔属文，信手拈来。民间故事中的苏小妹与秦学士郎才女貌、琴瑟和谐，现实生活中的苏八娘却所嫁非人、红颜薄命。也许正是因为现实生活中的苏家小妹遇人不淑，善良的古人才在民间传说中将风流潇洒的秦学士许与了苏小妹了吧……

苏八娘是苏轼的姐姐，比苏轼大两岁，两人自小由乳母任彩莲带大。也许是受乳母的影响吧，八娘的女红干净漂亮；而受苏家家学的影响，八娘的文采也非泛泛。苏洵在《自尤诗叙》中说："女幼而好学，慷慨有过人之节，为文亦往往有可喜。"八娘可谓上得厅堂、下得厨房。

眉山的婚嫁习俗是“乡人皆嫁重母族”，八娘也自小与母舅家表兄程正辅定亲。苏洵对这门婚姻并不愿意：“家贫不敢嫁豪贵，恐彼非偶难为亲”(苏洵《自尤诗》)。苏家虽说是名门望族，但苏家几代都诗书传家，乐善好施而不善经营，生活简朴平易，也就是小康而已。程家却是商家巨贾，生活奢华浮糜，骄侈横溢。虽然苏洵觉得这是门不当户不对的婚姻，可是当时的人都很看重亲上加亲的婚姻关系，苏洵在时俗的压力下还是同意了。八娘满十六岁时，程家准备了丰厚的聘礼，浩浩荡荡的迎亲队伍将八娘抬到了程家。

女儿的婚姻，一直牵挂着苏洵的心，常常让程夫人打发奶娘去问询。刚开始的时候，八娘怕父母担心，强装笑颜，掩饰内心的痛楚。时间长了，体表的印痕，眉眼的酸楚，即使不说，也让人心疼万分。

到了回娘家的日子，八娘回家与父母哭诉，公婆家不分长幼，不讲礼节，大的欺负小的，小的欺骗大的，不务正业，花天酒地，自己好言相劝，好意相告，却被揪着耳朵一顿训斥。在古代，嫁出去的女儿就是泼出去的水，苏洵夫妇也没有什么好办法。程夫人抱着八娘，揽在怀里，不断落泪。苏洵只有劝说女儿“为妇何不善一身？”

一年后，八娘为程家添了个男孩。苏洵本以为，有了孩子后，程家也许能对女儿好些。谁知道，程家对此依然不闻不问。八娘的丈夫程正辅借口孩子哭闹，无法休息，整日不进八娘房门，在外边花天酒地。八娘因怀孕和哺乳期间心情抑郁且营养不良，生下孩子不久，就生病了，程家对此置若罔闻。

苏洵和夫人放心不下女儿在程家的生活，派乳母任彩莲前往探望。任彩莲从程家后门进去，推开八娘的房门，房中冷冷清清的，八娘孤苦伶仃地躺在床上，一阵阵的咳嗽声揪得乳母的心生疼生疼的。八娘看到乳母，一句话没说，眼泪顺着眼角扑簌簌地就掉了下来。任彩莲快走两步来到床前，一把抱住八娘，也禁不住老泪纵横。

一个老妈子端着盆热水推开了房门，看到拥抱在一起泪水涟涟的母女俩，又看看周围没有程家什么人，心疼地悄声对任彩莲说："少夫人在程家不容易，回去和你家老爷太太商量商量，看能不能接回去住一段时间瞧瞧病。我家老爷说少夫人得的是心病，不让管。我们都知道少夫人是好人，也知道少夫人的苦，可我们是下人，也做不了主。"

乳娘回到苏宅后把八娘的情况告诉了苏洵和程氏，苏洵夫妇听后心情异常沉重，他们决定第二天就去程府把八娘接回来，好生养养。

第二天一早，苏洵和程夫人就急匆匆地前往程府。这是程夫人自小生活的地方，自父母亲去世后，程夫人不喜欢哥哥的生活方式，已经多年没有回来了。现在，程府装潢得更加豪奢了。刚刚转过影壁，就听见厅堂之内传来阵阵丝竹之声，其中还夹杂着女人的浪笑之音。苏洵夫妇跨入门中，大厅中的场景将他们都震呆了，只见程浚左手拥着一个妖冶的女子，右手端着一杯浓酒，斜躺在软榻之中，自己的女婿程正辅竟然还端着酒杯在旁边添酒助兴。见到苏洵夫妇，程浚也只是欠了欠身，招呼着：

“啊，妹妹、妹夫来了。快快快，过来坐。”

程正辅看到自己的岳父岳母来了，忙放下酒杯，站起身来。苏洵狠狠地看了一眼程之才，对程浚说：“斯文扫地，成何体统？”

程浚哈哈哈大笑，不以为意道：“人生得意须尽欢，莫使金樽空对月。妹夫何必大惊小怪？妹夫此来，所为何事啊？”

“八娘在哪？八娘怎么了？”程夫人一步上前，对着哥哥恨恨地说。

“她没事，挺好的，偶感风寒而已，过几天就好啦，有什么大惊小怪的。”程浚懒洋洋地说。“之才，带你岳父岳母去看你媳妇。”

程正辅领着苏洵夫妇穿小院，过花园，来到八娘的房前。推开八娘的房门，程正辅就悄悄地溜走了。看着病倒在床上脸色苍白、瘦骨嶙峋的女儿，苏洵夫妇心疼不已，程夫人更是拉着女儿的手不断地抚摸。

“八娘，收拾东西，咱回家。”苏洵果决地说。

旁边的老妈子麻利地替八娘收拾好衣服包裹，包好孩子，抱给程夫人，悄悄地出去了。程夫人抱着孩子、提着包裹，苏洵扶着八娘，一步一步朝大门走去。程浚父子急匆匆地赶来在后面大声呼喊——“把孩子留下！”苏洵左手扶着八娘，略略停留了一下，抽出右手，揽过抱着孩子的程夫人，头也不回地冷冷地说了声：“走！”许是被苏洵冷峻的气势所震慑，程浚父子竟然没再追赶。

回到自己熟悉温馨的家，八娘心情舒畅，加之苏洵夫妇精心调养，病情开始有了好转。她有时会领着苏轼、苏辙在庭院中低矮的树杈上搭建鸟窝，有时会和乳娘在廊前亭间绣花，有时会在后花园浇水拔草，仿佛又回到了未出嫁时的时光，脸上含着幸福的微笑。每当看见女儿带着浅浅的笑意，苏洵内心的自责会稍稍减轻。他多么希望时间就此停留啊！

幸福总是短暂的。刚刚过了几个月，程正辅就来到苏家要接八娘回去。看着女儿幽怨的眼神，想想女儿刚刚好些的身体，程夫人跟侄子商量：

“之才啊，八娘身体还未恢复。你回去对你父亲说，让八娘再在娘家住一段时间，等八娘身体好些了我们送她回去。”

“姑妈，回去也可调养嘛。哪有嫁出去的姑娘在娘家住那么久的道理？家里公婆谁来照顾呢？说出去别人还以为咱们程家没家规呢。”程正辅冷漠地回答。

看着女婿一点不关心女儿的样子，苏洵非常生气，但还是竭力地克制着自己。

“你没看到八娘病成什么样了吗？你不但不给她找医生看病，还每天眠花宿柳，你拿她当妻子了吗？你们不管她的生死，还不让她娘家管吗？还不能在她娘家住吗？”

程正辅也不回答苏洵的问话，冷冷地说道：

“我父亲说了，八娘回不回家没有关系，儿子是程家的，必须要带回程家！”说着就上来抢八娘怀中的孩子。八娘紧紧地抱着孩子不放，程正辅生拉硬拽，扯着孩子的衣服，孩子吓得“哇哇”

直哭。看到孩子满是惊吓的小脸，八娘连连向程正辅哀求，“放手，放手，我跟你回去。”

八娘跟随程正辅回到程府后，程家就下令，不许苏家的任何人踏入程家。虽然苏洵夫妇多次派乳娘到程府打探消息，但听到也是只言片语。不几天后，八娘连惊带吓，就撒手人寰了。八娘去世的那天阴雨绵绵，整个眉山县城仿佛都笼罩在哀伤之中。心碎肠断的苏洵夫妇来到程家，八娘已经被抬出卧房，安置在柴房中，身上覆着一层薄薄的单子。看到程家如此的薄情寡义，苏洵转头对程家人说：

“告诉你们老爷，八娘是我们的女儿，她活着的时候，在程家受尽了折磨。现在死了，我要让她有安息的地方。我们要把八娘带回家！”

家人不敢做主，赶快通知了程家父子。程浚和程正辅一路小跑地大声嚷嚷道：

“凭什么带回去？嫁到程家就是程家人。生是程家人，死是程家鬼。你们把她带回去，程家的脸面往哪儿放啊？”

“脸面？你们还要脸面？你们要脸面的话，能让这么年轻的女孩活活地病死吗？你们简直丧尽天良，你们还要什么脸面？”苏洵有些丧失理智了，他甚至想破口大骂。

看着从未如此愤怒过的苏洵，程家父子有些害怕了。程浚摆摆手说：

“想带着就带着吧，我们还省得麻烦呢。”说罢扬长而去。

苏八娘的灵柩由八人抬着，送葬的队伍缓缓走过眉山城。

眉山城里的人纷纷议论程家虐待苏八娘，致使苏八娘年仅十八岁就忧愤而死的事。苏洵把八娘安葬在苏家祖坟。在八娘下葬的当天，苏洵即席写了一篇《族谱亭记》，以代祭文：

……夫某人者，是乡之望人也，而大乱吾俗焉。是故其诱人也速，其为害也深。自斯人之逐其兄之遗孤子而不恤也，而骨肉之恩薄。自斯人之多取其先人之赀田而欺其诸孤子也，而孝弟之行缺。自斯人之为其诸孤子之所讼也，而礼义之节废。自斯人之以妾加其妻也，而嫡庶之别混。自斯人之笃于声色而父子杂处、欢哗不严也，而闺门之政乱。自斯人之渎财无厌，惟富者之为贤也，而廉耻之路塞。此六行者，吾往时所谓大惭而不容者也。今无知之人皆曰：'某人，何人也，犹且为之。'其舆马赫奕、婢妾靓丽足以荡惑里巷之小人；其官爵货力足以摇动府县；其矫诈修饰言语足以欺罔君子：是州里之大盗也。吾不敢以告乡人，而私以戒族人焉：髣髴于斯人之一节者，愿无过吾门也……

这段话的大意是：某人，也算是乡里有头有脸的人家，却干尽了伤风败俗的无耻的勾当，祸乱淳朴乡俗，产生了恶劣的影响。此人把兄弟的遗孤赶出家门，毫无亲情；此人巧取豪夺侵吞家财，没有人性；此人与遗孤对簿公堂，不知羞耻；最让人忍无可忍的是此人纵容小妾欺侮发妻，父子杂处，沉迷声色，简直是鲜廉寡耻！这对为富不仁的势利小人，凭借车马显赫、婢妾靓丽，足以迷惑乡民；这对小人凭借财力左右官府，花言巧语欺骗君子。这样的人就是州里的大盗！我苏洵没有办法把这些话讲给乡里的人听，在此告诫苏氏一族的人，如果苏氏族中有人有一点点像这父子俩所为，就不要再进我苏家的门槛了！

八娘的不幸离世，一直是苏洵心中隐隐的痛，他追悔自己不该顺从旧俗，将女儿嫁与程家。八年之后，五十一岁的苏洵饱含自责之情写了一首《自尤》：

……

只今闻者已不服，恨我无勇不复冤。
惟余故人不责汝，问我此事久叹呻。
惨然谓我子无恨，此罪在子何尤人。
虎咆牛触不足怪，当自为计免见吞。
深居高堂闭重键，牛虎岂能逾墙垣。
登山入泽不自爱，安可侥倖遭麒麟。
明珠美玉本无价，弃置沟上多缁磷。
置之失地自当尔，既尔何咎荆与榛。
嗟哉此事余有罪，当使天下重结婚。

这表面看是苏洵的自责，实际上是对如狼似虎的程家的痛斥，程家根本不配娶八娘这样的冰清玉洁的“明珠美玉”。自从八娘去世后，苏家与程浚和程正辅彻底断绝了往来。程正辅（之才）在程家排行老二，程家老六程之元，老七程之邵，成年后皆在外为官。苏轼兄弟与表兄程之元、程之邵都有密切来往，诗词唱和屡见笔端，而与程正辅却四十多年没有来往。直到苏轼晚年贬官岭南，程正辅恰好时任广东提点刑狱，他们才冰释前嫌。

初现伯乐张方平

谁能想到，一场叛乱竟然会改变苏洵后半生的命运，而张方平的出现是整个命数中的转捩点。

时光荏苒，斗转星移，十年时光，转瞬即逝。

十年的杜门不出，是苏洵的沉潜磨砺；十年的闭户读书，是苏洵的苦苦等待。苏洵虽然断绝了科举的念头，但是并没有断绝功名的理想。也许这不仅是功名理想的问题，更为确切地说应该是一种自我实现的需要，自我实现的满足。他坚信自己会有所作为，而不是老死乡野。

机会终于被苏洵等到了。皇祐元年(1049)，广西侬智高起兵造反。谁能会想到，这一事件竟然改变了苏洵后半生的命运。

侬智高是广西少数民族一首领，元祐元年，以武力统一各少数民族分部，占领了广西大部，反宋叛乱，并于皇祐四年(1052)自立为王，带领军队沿江而下，一路势如破竹，攻城略地，直指广州。大宋王朝方寸大乱，几次派兵征讨，均损兵折将，大败而归。就在举国骚动，满朝文武惶然无措之际，宋仁宗果断采纳了宰相庞籍推荐的被排挤不得志的狄青作为将军，率部迎敌。皇祐五年(1053)正月,狄青领兵西战,他大刀阔斧整肃军纪,使得军威大振,先按兵不动,后又抓住有利时机,趁侬智高放松警惕之时,昼夜急行军攻破昆仑关,破获侬智高部。侬智高纵火焚城,借火逃走,窜入南诏大理国——今云南和四川南部一带。

狄青凯旋还朝,广东危机解除。但蜀地却突然间谣言四起,流言广布,说侬智高将率领余部攻打四川。一时之间,蜀地百姓如惊弓之鸟,人心惶惶,百姓变卖家产,置换金银,婚儿嫁女,仿佛再也见不到明日的太阳。蜀地官员也闻风色变,一方面加固城墙,征募士兵,另一方面上书朝廷,请求增派援军。动乱之势迫在眉睫。

于是,朝廷派张方平为益州知州,平定蜀地动荡不安的局势。

张方平,字安道,号乐全居士,睢阳(今河南商丘)人。曾做过翰林学士、知制诰,当过滁州、杭州等地方官。在当时的政坛上,张方平以稳健得力著称,为官注重实效,做人端庄正直。张方平记忆力非常了得,颖悟绝伦,少时家里穷没书看,向人借阅三史:《史记》《汉书》《后汉书》,十天就还回去了,说:"吾已得其详矣。"凡书都只看一遍,写文章从不打草稿,被称为"天下奇才"。参加制科考试,先举茂材异、后又中贤良方正。张方平一直在朝中做京官,负责国家经济、财政工作。几年前,因为朋友犯事受牵连,才外放为地方官员。

张方平受命于危难,他一边急急赴任,一边派人了解情况。他认真分析了侬智高的实际情况,觉得败逃南诏的侬智高已是残喘苟延，根本无力大举进兵，而且从南诏到四川最近的路也有两千多里，道路艰险，一路之上要穿越好几个少数民族居住地区。劳师以袭远，不符合用兵之道。张方平认为，这肯定是有人故意散播的谣言，决定“以不变应万变”，尽快安定民心。

皇祐五年(1053)腊月，张方平到达四川，命令所有戍守部队返回原地，撤去各种防御设施，安抚百姓，稳定住了局势。为了进一步稳定民心，张方平利用新年之际，连续三个晚上城门洞开，举行烟火晚会，百姓互相贺年就像往年一样。依智高果然没有来，四川的民心也很快安定了下来。

就是这个让四川人一下子感觉识度不凡的、坐镇成都的张方平，改变了苏洵的后半生。

张方平虽说不是进士出身，但是他比较注重访察人才，关注贤人逸士。他在一次聊天时问官府的小吏：

“蜀地一向高人辈出，现在怎么就没有什么贤人高士了吗?”

“回禀大人，蜀地高人属实不少。眉山的苏洵处士就是一个志向远大、学识渊博的高人。”小吏根据他听说的事情据实以报。

“这个人有什么特异之处啊?”张方平蛮有兴趣地问道。

“听说这人很是与众不同，从不阿谀奉承，也不追求富贵，所以年过四十还不曾一官半职。大人您如果不尊重贤士的话，他是不会主动上门求见的。”小吏停了一下，看张方平没有什么不高兴的神色，于是接着说：“依小人之见，大人您如果有意的话，可以招他前来。”

张方平没有说话，只是点了点头，但苏洵的名字已经记在了他的心里。

偏居眉山的苏洵早就听说张方平为人善任，喜欢举贤荐能。乡里的人都认为如果张方平举荐蜀中人士的话，苏洵是最为合适的人选；而苏洵要是想被举荐，也没有比张方平更为合适的。大家都认为，苏洵的机会来了。

夏日的眉山，风淡云清，温度宜人，苏洵在花园中的荷花池边欣赏着刚刚张开的荷花。微风轻吹，池面漾起阵阵涟漪，莲叶此遮彼掩，随风舞动，绽放的荷花散发出淡淡的清香气息，沁人心脾。忽然有朋友疾步走来，告诉苏洵一个令人欣喜的消息：张方平向朝廷推荐了苏洵。这个消息让苏洵且惊且喜且疑，他不知道张方平的推荐是例行公事，还是确实欣赏自己。

夜里，苏洵独坐书房，他摩挲着自己近十年的著作——《衡论》、《权书》、《太玄论》、《洪范论》等，打开又放下，无法静下心来细读。透过窗户，满天的星星闪着银光，似乎在调皮地笑话他的犹疑。几番定夺，苏洵终于下定决心，展纸提笔，草成《上张益州书》：

古之君子，期擅天下之功名，期为天下之儒人，而一旦不幸，陷于不义之徒者有矣。柳子厚、刘梦得、吕化光，皆才过人者，一为二王所污，终身不能洗其耻。虽欲刻骨刺心，求悔其过而不可得，而天下之人且指以为党人矣。洵每读其文章，则爱其才；至见其陷于党人，则悲其不幸。故虽自知其不肖，不足以晞望古之君子，而尝自洁清以避耻远辱。王公贵人，可以富贵人者，肩相摩于上；始进之士，其求富贵之者，踵相接于下。而洵未尝动其心焉，不敢不自爱其身故也。

贫之不如富，贱之不如贵，在野之不如在朝，食菜之不如食肉，洵亦知之矣。里中大夫皆谓洵曰："张公，我知其为人。今其来，必将有所举，宜莫若子；将求其所以为依。宜莫如公。"洵笑曰："我则愿出张公门矣，张公许我出其门下哉？"居数月，或告洵曰："张公举子。"闻之愀然自贺曰："吾知勉矣！"吾尝怪柳子厚、刘梦得、吕化光数子，以彼之才游天下，何容其辱身如此！恐焉惧其操履之不固，以蹑数子之踪。今张公举我，吾知勉矣！

……

写完之后，忽觉豁然开朗，心中犹疑尽消。步入庭院，呼吸一口夏夜的清新空气，苏洵觉得，自己终于等来了自己的伯乐。

信寄出不久就有了回音，张方平邀请苏洵到成都府一叙。苏洵带着长子苏轼，择日而行，二百多里地不日到达。苏洵整了整衣服，抬眼望去，成都府衙庄严恢宏，门卫执杖分立两旁。苏洵上前递上名刺，小吏嘱其在外等候，自己一路小跑地进去送达。不大一会儿，小吏出来，引领苏洵父子来到客厅，张方平早已等候在此。苏洵赶紧上前致礼。

"乡村处士苏洵给大人请安。"苏洵恭敬地弯腰行礼。

"贤士不必拘礼，快请上座。"张方平以礼相待。

两人相见恨晚，情投意合，张方平发现苏洵不是一般的文人学士，而是一位少见的旷世奇才，他博古通今见多识广，臧否人物精确深刻。两人对很多问题的观点都不谋而合，很是投缘。

等看过苏洵的文章后，张方平更是惊异，苏洵的文章如云在天，迂曲盘旋，周全绵密而又不落言筌；又如大河滔滔波澜壮阔，逶迤连绵而又气势万千。他不仅感慨道："左氏《春秋》的精辟练达，马迁《史记》的叙事委婉，贾谊文章的治国方略，在苏洵的文章中兼而有之啊！"

张方平对苏洵刮目相看，特意为苏洵准备了一张椅子。这是为苏洵特设的专座，苏洵走后即收起来，其他任何人没有资格坐。张方平对苏轼也是以"国士"相待，礼遇有加。张方平和苏洵探讨的问题很多，在谈及治蜀方略时，张方平说："人们都说，蜀人经常发生变乱。所以上司就用对待盗贼的态度去对待他们，用管束盗贼的刑法去管束他们。对于本来已经战战兢兢、连大气也不敢出的百姓，却用残酷的刑法去号令他们，这样百姓才忍心不顾自己是父母妻儿的依靠，而沦为与盗贼为伍，所以常常发生大乱。倘若以礼义来约束他们，用法律来差使他们，那么蜀人也是容易管理的。至于逼急他们而发生变乱，那么即使是齐鲁的百姓也会如此的。我用对待齐鲁百姓的方法对待蜀人，那么蜀人也会把自己当成齐鲁之人。假如任意胡来不按法律，用淫威胁迫平民，我是不愿的。"

苏洵对张方平的执政方略也表示认可，两人英雄所见略同，成为相见恨晚的莫逆之交。这次会面之后不久，张方平向朝廷推荐苏洵做成都学官，同时将苏洵介绍给了自己的朋友雷简夫，才有了后来雷简夫慧眼识三苏的故事。

雷简夫慧眼识英才

雷简夫的赏识与肯定，使苏洵觉得自己找到了知音，也进一步强化了他的信心。而雷简夫爱才之切，荐才之诚，令人感叹！

苏洵拜谒张方平时，听张方平提及任雅州知州的雷简夫，其人礼贤下士，识才善举，建议苏洵方便时可以上门拜访。

刚过立秋，烈焰尚未收敛夏日的余威，鸣蝉声声嘶叫，仿佛刻意地在抓紧着最后的表演平台。天朗气清，湛蓝湛蓝的天空，异样的空旷高远；松软洁白的浮云，用一种了悟后的姿态，悠闲地漫漫飘游。放眼望去，家家户户的后院万紫千红，苍郁滴翠，仿佛被丹青圣手用浓浓的油彩重重地渲染过了。秋天就要到了，成熟的季节，丰收的季节。

苏洵在经过了激烈思想斗争之后，决定要去拜见雷简夫了。程夫人轻车熟路地为苏洵打理着行装。苏轼兄弟在门外看到母亲收拾行李，知道父亲又要外出了，兄弟俩一商量，齐齐要求父亲带着自己一起去。读万卷书，行万里路。苏洵想到两个儿子遍读经史百家，但缺少四处游历经验，确实也该出去历练历练了，便同意了哥俩的要求。

父子三人当天傍晚到达雅安，找了个小旅店住下，三人吃罢晚饭，在城中闲逛。但见雅安城青山环抱、满目苍翠、江清水碧，呈现出独特的婉约美与浪漫美。水在城中，城在山中，水映青山，山抱绿水，使人倍感和谐融洽、惬意舒适。夜幕初降，细雨霏霏，看不见雨丝，飘洒在脸上又让人感到点点温润。路边的小店点亮了油灯，小小的县城繁华而不喧嚣，华丽而不妖冶，绚烂而不俗媚，令人神清气爽。

不知不觉间，三人走到了雅安县衙。已经是下班时间，朱红色的县衙大门紧闭，青红色的围墙在昏黑的夜色中显得更加质朴厚重。县衙的周围没有什么人，偶尔一两个路人路过，看着站在府衙门口的三个人，犹疑地瞅上一眼，就急匆匆地离开了。

回到旅店，店家热情周到的端上一壶热茶，父子三人围着油灯，喝茶聊天。

“爹爹，你了解雷知州吗？”苏轼好奇地发问。

“爹爹了解得也不多。听说雷家也算是世族大家，雷知州的曾祖父、祖父和父亲都是朝廷要员，但此人却隐居不仕。康定中，枢密使杜衍赏识他的才能，就和陕西河东宣抚使范仲淹和枢密副使韩琦一起推荐他入朝为官，以秘书省校书郎签书秦州观察判官。庆历元年以后，雷简夫先后知坊州、徙简州。皇祐末年，四川水患，雷简夫颇通水务，现在的益州知州张方平建议任命雷简夫为知雅州知州，才来到我们蜀地的。”苏洵缓缓道来。

“能得到杜衍大人、范仲淹大人、韩琦大人赏识的人，该是多了不起的人呢？”苏辙满脸崇拜地纠结着眉头自言自语的沉思。

“什么样的人爹也不知道，明天看到就知道了。天不早了，歇息吧。”父子三人熄灯睡觉。

下了一晚的小雨，天亮时倏地停息了。雨后的雅安城更加干净整洁，空气清朗。地面潮潮的，深深地吸口气就能闻到泥土的清香。客舍两边的树木，经过微雨的洗涤，泛着油绿的光泽。苏洵父子三人换了干净的衣裳，吃过早饭后就早早地前往府衙。

来到府衙，报上名后，不一会就有一门丁引苏洵父子三人进入府内。雷知州五十多岁，个头不高，古铜色的皮肤，性格爽朗健谈，武将风度露诸行动，文人气息溢于言表。两人客套一会儿，发现彼此性情相投，便大有惺惺相惜、相见恨晚之感。从今日张方平治蜀谈到昔日范仲淹治边，从四川文治谈到陕西武功，从西南边疆之守势说道北部契丹之攻坚，两人越说越兴奋，越谈越投机，雷简夫激昂慷慨地批评朝廷一味屈己求和的政策，为大宋王朝不断给戎狄小国进贡而扼腕长叹。苏洵见雷简夫对时政的认识与自己大体相同，便拿出自己这些年写的政论文章给雷简夫看。

雷简夫打开书稿第一卷，只见封面写着两个气势饱满、刚健奔放，铿铿然有金石之气的大字——权书。雷简夫虽然不是书法大家，但也是颇有见解，看到苏洵飞舞灵动的笔法，向苏洵伸出大拇指，连声赞道：“长枪大戟，锋芒暗藏，笔断意连，若行若藏。好字！好字啊！”略读苏文：

治天下者定所上。所上一定，至于万千年而不变，使民之耳目纯于一，而子孙有所守，易以为治。故三代圣人其后世远者，至七八百年。夫岂惟其民之不忘其功，以至于是，益其子孙得其祖宗之法而为据依，可以永久。……

——《审势》

中国内也，四夷外也。忧在内者，本也；忧在外者，末也。夫天下无内忧，必有外惧。本既固矣，盍释其末以息肩乎？曰未也。古者夷狄忧在外，今者夷狄忧在内。……

——《审敌》

雷简夫大声叫好，拍案叫绝，"几者，机也，机会也。把握机会，定要知己知彼，方能百战不殆。审势，知己也；审敌，知彼也。好文章，好文章！"

苏洵听到雷简夫如此评价自己的文章，感觉真的是遇到了知音，内心一阵暗流涌动，但仍然压住内心的喜悦，尽量平静地说："大人所言极是。苏某正是此意。"

雷简夫接着打开了其他几卷：

人有言曰：儒者不言兵。仁义之兵，无术而自胜。使仁义之兵无术而自胜也，则武王合用乎太公？而牧野之战，"四伐、五伐、六伐、七伐，乃止齐焉"，又何用也？《权书》，兵书也，而所以用仁济义之术也。吾疾夫世之人不究本末，而妄以我为孙武之徒也。夫孙氏之言兵为常言也，而我以此书为不得已而言之之书也。故仁义不得已，而后吾《权书》用焉。然则权者，为仁义之穷而作也。

——《权书·叙》

事有可以尽告人者，有可告人以其端而不可尽者。尽以告人，其难在告；告人以其端，其难在用。今夫衡之有刻也，于此为铢，于此为石，求之而不得，曰是非善衡焉，可也；曰权罪者，非也。始吾作《权书》，以为其用可以至于无穷，而亦可以至于无用，于是又作《衡论》十篇。呜呼！从吾说而不见其成，乃今可以罪我焉耳。

——《衡论·叙》

掩上书卷，雷简夫神情严肃地转身对苏洵说："处士文章太简当认真拜读，草草一阅，但觉纵横捭阖，气势雄浑，新人之耳目。太简读之，如醍醐灌顶。嗯，《权书》《衡论》，天下大事，不经权衡，何以决断？处士身在草野，心存魏阙。流失乡野，国之不幸啊！处士何不用己于世，岂非天下百姓之福泽哉！"

苏洵施礼答道："知州张安道大人已推举在下为益州学官，只是圣令未达。"

"欸——"雷简夫不屑地说道，"以处士的学识，岂为西南之秀，乃天下奇才耳。处士当为帝王师，真王佐才也。"雷简夫拜服地说："老夫当致书安道，至于再，至于三，俟得其请而后已。"

"多谢大人提携，苏某愧不敢当。"苏洵看到雷简夫如此地抬举自己，感到有些诚惶诚恐。

"处士不必客气，为朝廷举贤荐能，本是我等份内之事。"雷简夫挥了挥手，"请处士稍候，老夫即刻修书一封，烦请处士带与安道。"

雷简夫招呼下人款待苏洵父子，自己走进了书房。不大一会儿，拿着一封书信走了出来，交给苏洵。这封书信就是《上张文定书》。

“处士，雷某有一话，不知当讲不当讲?”雷简夫客气地问苏洵。

“大人请讲，但说无妨。”苏洵很谦逊地答道。

“以处士之学养，盍游京师乎?”雷简夫有些疑惑。

“大人不知，苏某早岁也曾远游，但无所获。今仆已老矣，不似从前，固非求仕者，亦非固不求仕者。”苏洵坦诚地说出自己心中的想法，无所遮掩。

“噢，是这样。老夫与欧阳内翰、韩琦枢密颇有来往。他日处士若赴京师，老夫可代为引荐。”雷简夫觉得苏洵确实是人才，这样的人如果蜗居乡野，则为幽谷一叟耳。

“多谢大人。苏某他日进京，还望大人多多举荐。”苏洵也不客气，而且，和如此豪爽且极力提携自己的知音客气，就显得有些虚伪了。

“大人，苏某叨扰多时，妨碍大人公事了。就此告辞。”

“好好好。”雷简夫确实公事在身，不便多留苏洵父子，于是招呼下人将苏洵父子送至府门，自己转身回到公堂处理政务去了。

雷简夫对苏洵的评价，远远超出了苏洵的预想。从雷府出来，苏洵父子分外高兴，信心倍增。他们回到旅舍，收拾好行装，在下面的小店简单吃了些饭，就雇了辆马车直奔犍为拜访县令吴照邻，送吴照邻赴阙。而吴照邻的这次进京，就带有苏洵的文章，并将苏洵的文章呈交给了欧阳修。

天下有奇特之才者，必须有独具慧眼之人的识举，方可大显于世。然奇特之人常有，而只具慧眼之人不常有。正如韩愈所言："虽有名马，只辱于奴隶人之手，骈死于槽枥之间，不以千里称也。"苏洵是不幸的，多次科考，败北而归；苏洵是幸运的，十年的等待，终现伯乐。

欧阳修大度荐贤能

欧阳修的赞誉与提携，使得苏洵文章名满京城。欧阳修光明磊落的宽广胸怀，荐贤举能不遗余力的高尚品德令人敬仰！

又是一年新春时。农历春节循着历法的轨迹即将如期而至。过年，在中国古代是一个极其重大的事件。“苏园”内外，上上下下的人都在忙碌着。杀鸡、买肉，磨豆腐、蒸馒头、贴窗花，每个人的脸上都挂着幸福的笑容。看着其乐融融的一大家，苏洵觉得很是幸福。

拜年，是中国古代流传久远的习俗。据文献记载，汉代时期就已经有了拜年的风俗。宋代，人们把梅花笺纸裁成约二寸宽、三寸长的卡片，上面写上自己的姓名、地址，专门在拜年时，投入所拜访者家门上的红纸袋——“门簿”中，其意义与现代贺年卡一样。对于远方的亲友，当然不能千里迢迢地寄送一张简单的卡片，而是写封信，表达自己的祝福之情。

苏洵给张方平、雷简夫各写了一封书信，其一表达新年的祝福；其二，也对两位官员对自己的关照表示感谢。写好后，苏洵差人将书信送至驿站。上元节刚过，张方平和雷简夫的回信就到了，两人在信中都劝苏洵进京寻求机会。张方平在信中还说，自己已经给欧阳修写了推荐苏洵的信。苏洵经过仔细思量，决定带苏轼、苏辙兄弟进京。

父子三人离家求取功名，程夫人又是高兴又是担心，千叮咛万嘱咐，目送三人的马车渐渐消失在春山之外。“离愁渐远渐无穷”，程夫人的思念与担忧，也随着父子三人的渐行渐远而渐重渐浓。谁也没有料到，这竟然是夫妻、母子的最后一次相见，最后一次相送，最后一次相别。

苏洵父子取道成都，与张方平拜别。张方平看到苏洵能携子进京，很是高兴。他告诉苏洵，雷简夫来信说已经给韩琦和欧阳修寄去了推荐信，让苏洵放心大胆地去京师一搏。

在成都停留期间，成都居民因张方平执政期间廉洁清正，体恤百姓，大家感激张方平，建造了一座祠堂，将他的画像悬挂在堂中，以示纪念。苏洵听说了这件事，写下了一篇《张益州画像记》，文章将记事、议论、抒情集于一体，各臻奇妙。清代乾隆编《唐宋文醇》评价这篇散文：“不屑屑述益州治状，措辞高浑而精彩，光芒溢于毫楮。”

苏洵带着苏轼兄弟东出成都，经阆中，出褒斜谷前往京师。苏轼兄弟首次出蜀，沿途的历史古迹，激发起他们思古的幽情；周边的山川大河，振奋起他们奋发的豪情。哥俩一路之上精神抖擞，兴趣昂扬。与兄弟俩的兴高采烈不同，苏洵显得有些郁郁寡欢。虽然经过十年的杜门不出，自托学术，虽然张方平、雷简夫等人对自己是青眼相看，赞誉有加，然而自己年近知天命，对于未来，也不抱太大的希望，只是不想让自己遗憾罢了。

途经凤翔驿，到达长安城。苏洵拜会了时任长安主簿的王拱辰和陕西都漕转运使傅求，表达了自己不甘心偏居乡野，希望用世，但没有把握的心理：

丈夫正多念，老大不自安。
居家不能乐，忽忽思中原。
慨然弃乡庐，劫劫道路间。
穷山多虎狼，行路非不难。
昔者倦奔走，闭门事耕田。
蚕谷聊自给，如此已十年。
缅怀当今人，草草无复闲。
坚卧固不起，芒背实在肩。
布衣与肉食，幸可交口言。
默默不以告，未可遽罪愆。
驱车入京洛，藩镇皆达官。
长安逢傅侯，愿得说肺肝。
贫贱吾老矣，不复苦自叹。
富贵不足爱，浮云过长天。
中怀邈有念，惝恍难自论。
世俗不见信，排斥仅得存。
……

——《途次长安上都漕傅谏议》

嘉祐元年(1056)五月,春风骀荡中,苏洵父子到达汴京,借住于兴国寺后院的一间禅房。京城还是那个京城:城墙上的“墙马”依然雄伟坚固,护城河边的杨柳依然浓荫如盖,汴河两岸的大街小巷依然人流如梭,沿河的商铺店堂依然鳞次栉比,但是苏洵早已经不是当年的苏洵了。“年年岁岁花相似,岁岁年年人不同”啊!苏洵暗自感慨!架不住兄弟俩的央求,苏洵带着他们在京城简单地逛荡了逛荡,苏轼、苏辙就开始静心准备八月份的“秋闱”了。

苏洵因此前科考的一再失利,早已放弃了参加考试的心思。安顿好两个儿子,苏洵便拿着名刺前去拜访京师的王公大人。

庆历新政失败后,范仲淹、欧阳修、韩琦等名臣相继贬官外放。但仁宗皇帝深知这些改革派忠君爱民的一片苦心,在改革风潮逐渐为人所淡忘后,又陆续将这些人调回朝中。此时范仲淹已经过世。朝廷中的格局是:宰相富弼,枢密使韩琦,翰林学士欧阳修,群牧判官王安石。

欧阳修是苏洵最为敬仰的文学泰斗,而且,听说欧阳修性格宽厚和善、平易近人,奖掖后进不遗余力,在士林之中英名广布。苏洵经过多番打听,终于找到了欧阳修的府邸。站在府门之外,苏洵有些疑惑,这难道真的是翰林学士府吗?怎么和眉山自家“苏园”如此相似?只见这府第青砖黛瓦的围墙,墙头之上翠竹森森,几株高大蓊郁的树木,像是守护着府宅的卫士,沿墙伫立。两扇暗黑色的大门紧闭着,洞开着旁边的侧门。透过侧门,隐约可见一条青砖砌成的甬道直达影壁,甬道两边是碧绿的草坪,零星地开着些浅浅淡淡的小花。

苏洵没有贸然上前，而是找了两个路人进行了确认，然后才走上前去。一位老家丁接待了苏洵。苏洵告诉家丁自己是四川眉山苏洵，前来拜访欧阳大人。不巧的是，嘉祐元年，京城水患，欧阳修等人忙于治水，并不在家。苏洵留下了自己的名刺和一封书信，托家丁转交。这封信就是《上欧阳内翰第一书》。信中苏洵介绍了自己求学问道的经历，评价了欧阳修的文章，表达了对欧阳修的钦慕以及希望欧阳修引荐自己的心愿。这封书信行文曲折跌宕、盘旋多变，既委婉含蓄，又周详绵密，被称为“老苏先生第一书。……无一字一句非韩柳之妙处，以此傲欧阳之所无。”（清·储欣语）

这些天苏洵还去拜访了一些其他朝廷政要，但是，大部分都没能见到。

因为拜访无果，苏洵就在兴国寺指导两个儿子读书。大约半个多月之后的一个晌午，寺僧忽然领着一个人前来寻找苏洵。来人是欧阳修家的下人，告诉苏洵，欧阳大人已经看过苏洵书信，很是叹服，但目前京师水患，无暇他顾，异日方便之时，当请苏洵过府一叙，并给苏洵送来些银两及日用品，嘱咐苏洵照顾好自己。

苏洵是在嘉祐元年（1056）秋初，京师大水完全退去，百姓生活基本稳定之后，才见到欧阳修的。这时的欧阳修，在苏洵眼中虽然有些疲惫，略显消瘦，但是依然敦实，身材不高，眉开眼阔，两耳厚大，一副富贵之相。

欧阳修在自己宽敞明亮的客厅接待了苏洵。一见苏洵，欧阳修就首先自责对苏洵的怠慢，还说自己先后接到了张方平和雷简夫的推荐信。雷简夫向自己推荐贤才并不奇怪，因为个人私交尚好，但与自己政见一向不大相同的张方平也推荐苏洵，这让他好一阵疑惑：这苏洵到底是何方贤能？竟能让张方平向自己荐才。自己还将此事讲与梅圣俞听，两人分析之后一致认为：张方平不以私嫌而埋没贤才，此人定为奇异之人。而张方平一心为国举贤之赤诚，也令人感叹。直至吴照邻进京述职，捎来苏洵文章，转与自己，阅读之后，才疑虑尽消，越看越爱不释手。而此番呈上的书信，更让自己自愧弗如。最后，欧阳修对苏洵说：

“老夫过目的文章不能算少，文章特别喜欢尹师鲁、石守道。但是读他们的文章，总觉得有意犹未尽之处；今天看见你的文章，我真是心满意足了。你的《六经论》大有荀子的风格啊！”

听到欧阳修将自己的文章比喻为荀子之文，苏洵有些喜出望外，但依然谦逊地说：

“大人将吾文与荀卿之文相提并论，苏某愧不敢当。苏某一直以荀卿为期，虽说登堂，尚未入室。还需欧阳大人多多指点。”

欧阳修哈哈大笑，说：“君之文章，远在老夫之上也，老夫何以指点？君之高论，正与老夫相同，尚可切磋切磋啊！”

两人从国家形势谈到御敌之策，从用人之道谈到律法建设，从土地改革谈到军队整顿，从社会风气谈到文章风格，愈谈兴致愈浓，愈谈欧阳修就愈赏识苏洵。

当晚，欧阳修写了三封信：一封给雷简夫，一封给张方平，感谢他们荐贤推能的不遗余力，并认为“后来文章当属此人”，给予苏洵以极高的褒誉。另外一封，写给当今皇帝宋仁宗，即《荐布衣苏洵状》，希望朝廷录用苏洵。在信中，欧阳修说：

伏见眉州布衣苏洵，履行淳固，性识明达，亦尝一举有司，不中，遂退而力学。其论议精于物理而善识变权，文章不为空言而期于有用。其所撰《权书》、《衡论》、《几策》二十篇，辞辨闳伟，博于古而宜于今，实有用之言，非特能文之士也。其人文行，久为乡闾所称，而守道安贫，不营仕进，苟无荐引，则遂弃于圣时。其所撰书二十篇，臣谨随状上进。伏望圣慈下两制看详，如有可采，乞赐甄录。谨具状奏闻，伏候敕旨。

信中欧阳修提到的“两制”，指的给皇帝起草文章、政令、告示的御用秘书处，相当于现在的政府办公室。北宋时期，外制由中书舍人或知制诰充任，掌中书、门下撰拟的诏勅；内制由翰林学士充任，掌撰拟皇帝主动发出的特殊诏勅。内制、外制，合称“两制”。欧阳修请求皇帝让“两制”对苏洵进行面试考核，是宋代录用人选的规定程序，也是希望他们能了解苏洵的才能，恰当地使用苏洵。

在其后的一段日子里，欧阳修介绍苏洵认识了韩琦、富弼、梅尧臣、曾巩等人，大家对苏洵的文章也非常看重，极为称赞苏洵的才学见解。苏洵终于可以与自己所敬仰的人们坐而论道了，并且成为这些朝廷政要的座上嘉宾。苏洵的名字也很快传遍京师。

苏洵的崭露头角，在北宋文坛可以说是一件大事，也是北宋文风彻底转变的临界。但是，大幕只是刚刚拉开，更为精彩绝伦的节目，即将上演。

八月十五夜玩月

一只白兔，在嘉祐元年的诗坛掀起了咏歌的浪潮，其首开创者就是欧阳修和苏洵。这到底是怎么回事呢？

中秋节，是中国的传统节日。在中国风俗中，是仅次于春节的第二大节。因为这一天月亮满圆，象征团圆，又称为团圆节。

宋代是中秋节的全盛时期，那时的中秋节过得是隆重、抒情而又狂放。宋代的中秋夜通常是不眠之夜，夜市通宵营业，玩月游人，达旦不绝。孟元老在《东京梦华录》中说："中秋节前，诸店皆卖新酒，贵家结饰台榭，民家争占酒楼玩月，笙歌远闻千里，嬉戏连坐至晓。"中秋节是世俗欢愉的节日，人们把酒问月，庆贺着美好的生活，或祝愿远方的亲人健康快乐，"千里共婵娟"。

欧阳修邀请苏洵父子到他的翰林府一起过节，考虑到这是欧阳修从滁州回来的第一个中秋节，难得家人一起团聚，苏洵委婉地拒绝了。欧阳修没有强求，派人给苏家父子送来了过节的月饼、水果。

吃过晚饭，苏轼兄弟邀请父亲一起到城中逛逛，感受感受京师中秋节的热闹气氛。苏洵觉得闹市太吵，不想去。苏轼兄弟两人高高兴兴地出去玩了。

"少年不识愁滋味"啊，苏洵暗自想。

月到中秋分外明，每逢佳节倍思亲。苏洵想起了远在眉山的妻子，不知道她现在在干什么，是不是也和自己一样，"举头望明月""天涯共此时"呢？

今晚的月亮，金黄金黄地嵌在深蓝的天空中，就像相思人的眼。"这里面该承载着多少离人的眷恋，寄托着多少亲人的思念啊。"苏洵仰望着天空感叹。

月亮在微云中穿行，仿佛嫦娥在慢慢踱步。嫦娥，玉兔。苏洵想起了前几天在欧阳修家看到的那只白兔，那是欧阳修非常喜欢的一只白兔。这只白兔，是滁州人在山中偶然捕获的。滁州人知道欧阳修喜欢白兔，于是千里迢迢地将白兔送到已经离开滁州返回汴京的欧阳修府上。欧阳修看到这个毛茸茸、白净净的小动物真是喜欢异常，把他安置在精美的竹笼中。每天回家之后的第一件事，就是先看看这个小家伙，喂喂这个小东西。而且还因为这个小动物的到来，专门写了首《白兔》诗：

天冥冥，云蒙蒙，白兔捣药姮娥宫。
玉关金锁夜不闭，窜入滁山千万重。
滁泉清甘泻大壑，滁草软翠摇轻风。
渴饮泉，困栖草，滁人遇之丰山道。
网罗百计偶得之，千里持为翰林宝。
翰林酬酢委金璧，珠箔花笼玉为食。
朝随孔翠伴，暮缀鸾皇翼。

主人邀客醉篦下，京洛风埃不沾席。

群诗名貌极豪纵，尔兔有意果谁识。

天资洁白已为累，物性拘囚尽无益。

上林荣落几时休，回首峰峦断消息。

诗中欧阳修把这只小兔比喻成从月宫中偷跑出来的玉兔，趁着月宫宫门没有关闭，偷偷跑出来窜入了滁州的山中，在滁山中食嫩草、饮甘泉，自由自在地奔跑。但是，一天，白兔很不幸为滁州山人捕获，送到了自己府中，成为大家玩赏的宠物。白兔因为乖巧可爱的外形和机灵敏捷的秉性而为人们喜爱，同时也成为桎梏它的枷锁。就像人一样，追求仕途，而仕途又成为人们的羁绊。诗中，欧阳修以白兔自况，称自己虽然清白却多牵累，欲有所作为而处处受到束缚，只好幻想浪迹江湖、回归自然来聊以自慰。

当时，苏洵看到那只白兔和这首咏白兔的诗时就非常喜欢，但是因为欧阳修恰好有政事需要外出，而自己最近又将全部精力集中于苏轼兄弟“秋闱”之事，把欧阳修家白兔的事就忘了。今天，看到苍茫空中皎皎月，遥想月中捣药玉兔，苏洵忽的灵光一闪，略加思索，一首诗歌便流淌而出。他转身走入禅房，点亮油灯，铺展纸张，笔走龙蛇，写下了《欧阳永叔白兔》：

飞鹰搏平原，禽兽乱衰草。

苍茫就擒执，颠倒莫能保。

白兔不忍杀，叹息爱其老。

独生遂长拘，野性始惊矫。

贵人识筠笼，驯扰渐可抱。

谁知山林宽，穴处颇自好。

高飚动槁叶，群窜迹如扫。

异质不自藏，照野明皜皜。

猎夫指之笑，自匿苦不早。

何当骑蟾蜍，灵杵手自捣。

诗歌描绘了一个打猎的场面：苍鹰盘旋于平原之上，寻找着猎物，飞禽走兽纷纷四处躲藏。一只兔子不小心被苍鹰捉到，看到娇小的兔子，老鹰也不忍伤害。于是兔子得以侥幸生还，被驯养在精美的竹笼中，身上的狂野之性被渐渐驯化。但是，又有谁知道，兔子还留恋着山林，留恋着那个虽然简陋，但却温馨舒适，可以随心所欲、自由活动的山间石穴。秋风卷起地上的枯枝败叶，兔子愈加怀念自己的旧窝。可是兔子先天的禀赋和特异性格又使他卓尔不群，难以掩饰身上的光辉。猎人看到兔子进退维谷的样子，指着它哈哈大笑，责问兔子为什么不早早地隐藏好。白兔啊白兔，你什么时候才能步入蟾宫，挥动灵杵，去实现自己捣药的理想呢？

写着写着，苏洵感觉自己就是那只白兔，起初并不想入仕，但不知不觉地就走到了这条路上。回想着自己年轻时轻狂放纵的岁月，想要回头，却又无法回头；期盼步入蟾宫，却又不知道那只能驮着自己的金蟾在哪里，更不知道什么时候能像那只玉兔一样持杵捣药，能够手握权柄，兼济天下呢？

放下纸笔，苏洵推开窗户。月近中天，淡去了初升的晕黄。

溶溶月色，给夜晚笼上了一层圣洁的光辉。大地开始沉睡，苏洵却睡意全无。苏轼兄弟还没有回来，苏洵披了一件衣服，走出房门。兴国寺内非常安静，大部分僧人都已早早睡了。苏洵走出寺门，却不知该往哪里去。在寺门口徘徊许久，怏怏地回房睡去了。

欧阳修和苏洵怎么也没有想到，他们率意而为的《白兔诗》竟然会在嘉祐元年的秋天搅起了一股歌咏白兔的浪潮。看到他们两人的诗歌后，梅尧臣、王安石、刘敞、刘攽、韩维、裴煜、王珪等人推波助澜，纷纷为这只白兔写诗作词，而且前后举行了两次唱和活动。在现今留存的十五首白兔诗中，这些文人借着白兔的意象表达着唱和者们各自不同的性情与心境。嘉祐元年的这两次白兔唱和，在诗歌史上声名远著，以至于后人在写到白兔时，都会想到这两次唱和的典故。南宋晚期，江湖诗派诗人林希逸还饶有兴致地写了《戏效梅宛陵赋欧公白兔》，将两次唱和的风雅与意义延伸到了晚宋。

送石昌言使契丹

契丹是北宋大敌，一直威胁着西北边陲的安全。石昌言出使契丹，苏洵内心分外纠结，他希望石昌言在对外交往中能一展大宋国风。

秋日的京师，天清气爽，惠风和畅，正是菊黄橘绿之时。

“九月花潮人影乱，香风十里动菊城”，又快到一年一度的汴京菊花节了。家家户户的房前屋后，都零零散散地摆放着些红的、粉的、黄的、白的等等不同颜色的菊花，当然，还是黄菊居多，用“满城尽带黄金甲”来形容并不为过。汴河两岸堤坝之上，更是开满了闲雅洒脱、秀丽多姿的悬菊，株株枝条垂挂而下，朵朵小花密似繁星，微风阵阵，菊花的清香迎面扑来。

这日天刚亮，苏轼兄弟就早早地跑出去玩了。这兄弟俩来到京城三个月，为了参加“秋试”，都没有好好游览过他们心向往之的京城。现在，“秋试”轻松过关，礼部考试尚早，两个年轻人怎么愿意乖乖地待在寺院里？哪能不趁着这难得的空闲时间好好玩玩？

苏洵一个人吃罢早饭，在兴国寺与住持谈说佛经释理，小僧进来通报，有人前来给苏处士送信。苏洵赶紧告辞出来，只见一个自己并不认识的粗衣布褐的中年汉子站在自己房前。这汉子确认苏洵是自己所找之人后，告诉苏洵自己是石昌言家的下人，得主人之令前来邀请苏洵过府一叙，并拿出了石昌言的邀请函。听说石昌言邀请自己，苏洵赶紧进屋换了身干净衣服，又抹了抹手脸，跟来人一并出门了。

自庆历五年(1045)春在长安与石昌言见过一面，到而今已近一纪。时光苦短啊！五月底到达京师时，苏洵曾经携苏轼兄弟前往石府拜会过石昌言。当时石昌言很是热情地接待了苏洵父子，刚刚寒暄几句，刑部来人找石昌言议事，苏洵父子就识趣地告辞出来了。后来苏洵也曾想再次拜会，又担心石昌言公务繁忙，不大方便，就一直耽搁了下来。

来到石府，转过影壁，就看见石昌言抬头站在一株紫薇树下全神贯注地欣赏着迎风绽放的蓝色花瓣。看到苏洵来了，马上高兴地走上前来，拉着苏洵的胳膊走进厅堂。

石昌言客套地问了问苏洵父子在京城的情况，又祝贺了苏洵文章在京城的广泛传布和得到朝中政要们的赏识，然后石昌言和苏洵谈起仁宗皇帝任命他为契丹国母生辰使的事，而且将于十天后，也就是九月十九日启程。

至和二年(1055)，辽兴宗皇帝去世，耶律洪基即位，是为辽道宗，改元清宁，寓意清静安宁。辽道宗做太子的时候就喜欢中原文化，仁宗皇帝和皇后曾专门设私宴款待过他。辽道宗登基不久，就派使臣向宋朝示好，希望得到一幅仁宗的画像。宋朝的一些大臣因怀疑辽朝不怀好意，怕用巫术蛊咒仁宗，反对向辽朝赠送画像。宋仁宗却毅然派使臣远赴辽国，赠送自己的画像。辽道宗亲自排列仪仗出宫，隆重地迎接宋仁宗的画像。

嘉祐元年(1056)农历十一月甲寅，公历1056年12月13日，是道宗皇帝的母亲仁懿皇后萧挞里的生辰。为表达两国的友好关系，也为了安抚刚刚即位一年的道宗皇帝，宋仁宗决定派使臣前往契丹携礼祝寿。经过多番讨论，决定由石昌言以刑部侍郎知制诰的身份带队前往契丹。

仁懿皇后萧挞里在历史上虽然不如他的儿媳妇萧观音那么有名，但的的确确是位有勇有谋的女中豪杰。金庸先生在《天龙八部》中也提到过这位萧太后，只是没有点出她的名字，小说中在叙述耶律重元的叛军挟持了皇太后、皇后和众多嫔妃，要挟耶律洪基投降时写道：

> 那白发老妇便是当今皇太后、耶律洪基的母亲萧太后，其余的是皇后萧后(萧观音)、众嫔妃和众公主。皇太叔和楚王乘洪基出外围猎时作乱，围住禁宫，将皇太后等擒来。皇太后朗声道："陛下勿以老妇和妻儿为念，奋力荡寇杀贼！"数十名军士拔出长刀，架在众后妃颈中。

这个情节虽然是小说塑造人物的需要，可能于正史无载，但可想而知，在金庸先生的心中，仁懿皇后萧挞里也是个有胆略、有见识的奇女子。

当晚回到禅房，苏洵思虑半天。对于周边的少数民族，苏洵一向是主张"尚威"，公开反对向辽、西夏等国贿赂的。他认为这样做只会削弱自己，强大敌人，最后陷入"覆溺之道"。所以苏洵主张应该及早去除小患，以免酿成大祸。他在《审敌》一文中曾说：

北胡骄恣，为日久矣，岁邀金缯以数十万计。曩者幸吾有西羌之变，出不逊之语，以撼中国，天子不忍使边民重困于锋镝，是以虏日益骄，而贿日益增。迨今凡数十百万，而犹慊然未满其欲，视中国如外府。然则，其势又将不止数十百万也。夫贿益多，则赋敛不得不重；赋敛重，则民不得不残。故虽名为息民，而其实爱其死而残其生也。名为外忧，而其实忧在内也。外忧之不去，圣人犹且耻之；内忧而不为之计，愚不知天下之所以久安而无变也。

这段话的主要意思是说：北方的胡人日益放纵骄慢，索要的钱物越来越多。看这样子他们不会仅仅满足于这些钱，还会狮子大开口的。这样无休止地进行下去，百姓的赋税就得不断增加，表面上看给胡人钱货是“息民”，是让老百姓得到安歇，但实际上却是“残民”，是祸害老百姓。表为“外忧”，其为“内忧”。有外忧而不去平息，圣人都以之为耻。内忧如果不去消弭，长久的太平就难以保证了。

在石昌言家听到说他将作为安抚使前往契丹，苏洵的心里仿佛打翻了五味瓶，酸甜苦辣咸样样都有，当然，甜味已经基本没有感觉了。天子的决定，谁也不便说不对，苏洵也不能说什么。对于石昌言，苏洵很想说点什么。但是石昌言已经不是当年拿着红枣和栗子逗自己玩耍的石昌言了，现在人家贵为政府官员，而且大自己十多岁，自己一介平头百姓，也不好指指点点

的。然而,什么也不说,好像也不大合适。终于,苏洵还是提笔写了一篇文章——《送石昌言使北引》:

……

今十余年,又来京师,而昌言官两制,乃为天子出使万里外强悍不屈之虏庭,建大旆,从骑数百,送车千乘,出都门,意气慨然。自思为儿时,见昌言先府君旁,安知其至此?富贵不足怪,吾于昌言独自有感也!大丈夫生不为将,得为使,折冲口舌之间,足矣。

往年彭任从富公使还,为我言曰:“既出境,宿驿亭,闻介马数万骑驰过,剑槊相摩,终夜有声,从者怛然失色,及明,视道上马迹,尚心掉不自禁。”凡虏所以夸耀中国者多此类,中国之人不测也。故或至于震惧而失辞,以为夷狄笑。呜呼!何其不思之甚也!昔者奉春君使冒顿,壮士、大马,皆匿不见,是以有平城之役。今之匈奴,吾知其无能为也。孟子曰:“说大人则藐之。”况于夷狄?请以为赠。

这是一篇赠序,“引”就是“序”。因为苏洵父亲名苏序,为避父亲讳而改称“引”。苏洵在这篇赠序中回忆了与石昌言多年亲密的交往,对石昌言奉君命出使契丹,实现平生抱负,寄寓莫大信任,充满劝勉之情。苏洵剖析了契丹本质,指出藐视强虏是唯一正确的态度,希望石昌言能够借鉴历史经验,不怕强敌威胁,发扬民族正气,夺取外交胜利。

九月十九日一早,封丘门外,苏洵内心复杂地等待着石昌言出使契丹的队伍。远远的,一队人马走了过来,苏洵赶紧上前,在大队人马中看到了骑在马上的石昌言。石昌言看到苏洵，也赶快从马上下来。苏洵握着石昌言的手，反复叮嘱他山高水远，天气多变，路上一定要多加小心，并把自己写好的赠言送给了石昌言，目送着出使的队伍渐行渐远。

这是苏洵和石昌言的最后一次相见。他们彼此都万万没有想到，这一次碰面，却成为永诀。

嘉祐二年(1057)春，石昌言在出使契丹返京途中，感染寒毒。回到京城，因出使契丹有功，提擢为工部郎中，但还没来得及上任，就病逝了，享年六十三岁。

名动京师三父子

苏洵父子登上文坛，结束了古文与骈文的争霸赛，标志着北宋古文运动取得了决定性的胜利。苏洵父子也因此在中国文学史上写下了浓墨重彩的一笔。

“爆竹声中一岁除，春风送暖入屠苏。千门万户曈曈日，总把新桃换旧符。”这是唐宋八大家之一王安石的《元日》。这首诗歌以极为简单、极为平俗、极为质朴的语句，将人们除旧迎新、欢乐热闹的气氛洋溢于文字之外。那噼噼啪啪的爆竹声，那沁人芳香的屠苏酒，那炫目的灿烂日光，那温馨的撩人春风，让人欣喜、让人雀跃、让人激动。

儿人欢乐几人愁。兴国寺后院，苏洵听着屋外此起彼伏的鞭炮声，闻着散发在空气中的丝丝硫黄的味道，内心涌起一股莫名的酸楚：去年的这个时候，在眉山老宅，程夫人也是指挥着下人打扫这儿、收拾那儿的，两个年轻的儿媳妇里里外外地忙活着，苏轼和苏辙站在院子里噼里啪啦地放鞭炮，一家子其乐融融的。离家一年，不知道家里现在怎样，夫人又该担心自己和两个儿子了吧？唉！过了今天，自己就四十九岁了，垂垂老矣！进京一年，虽然在京师取得了一定声名，也得到了政府要员的认可，但朝廷并没有委以什么职务，发挥自己所长，实现自己治国平天下的夙愿。

推开房门，来到院中，依稀能够听到隔壁房间两个儿子在探讨什么问题，苏洵没有去打扰他们，只是自己背着手在院中踱着步。再过几个月，两个儿子考完试，就可以回家了。回家，苏洵笑了笑，他在笑自己，年轻的时候游走历练，一年半载地不回家也没怎么想过家，怎么越老越恋家了？老了，真是老了，苏洵暗自嘀咕着。

正月初六，苏洵送两个儿子进入考场后，独自站在大门口徘徊了许久，曾经也是这个地方，让自己充满希望又倍感失望。如今两个儿子又站在了这个起跑线上，等待他们的又将会是怎样的结果呢？

苏洵在惶惑与不安中等待着。日头怎么忘记了移动？夜色怎么如此的漫长？

好不容易等到了出场的日子，苏洵早早地来到考场外。场院的大门终于打开了，只见出来的举子大多耷拉着脑袋，偶尔见一两个带点笑容的，也笑得比较勉强。苏轼和苏辙出来了，苏洵赶紧上前两步。看到两兄弟轻松自信的表情，苏洵悬着的心可算是落地了。苏轼和苏辙兴致勃勃地和苏洵说着考试的事，他们告诉苏洵今年主持礼部贡举的是翰林学士欧阳修，考试写作要求是文从字顺、言之有物，凡钩章棘句、险怪晦涩的文章一律罢黜。这正符合兄弟俩长于草野、词语甚朴、无所藻饰的风格。苏辙很谨慎地对苏洵说："爹爹放心吧，应该差不多。"

苏轼甚至自信地说："肯定没问题。"

听到兄弟俩这么说，又想到是欧阳修知贡举，以欧公之为人，评判应该是比较公平的。想到这儿，苏洵也觉得问题应该不大。

放榜的日子很快到了，苏洵心情紧张地陪着两个儿子去看榜，只见大红榜上苏轼、苏辙的名字赫然在列：苏轼中进士乙科，苏辙也同登进士科。苏洵激动地紧紧抱住两个儿子，一时间感慨万千。看着两个儿子初出茅庐便轻松上线；想想自己，求索半生却榜上无名，这悲喜交加的心情让苏洵颇感难堪。苏洵随口吟出一首小诗："莫道登科易，老夫如登天。莫道登科难，小儿如拾芥。"

通过了礼部考试，殿试就没什么问题了，只是排排名次而已。

三月五日，仁宗御试崇政殿。苏轼、苏辙也同登进士科。而那些擅长刻意造作险怪奇涩的"太学体"，都被欧阳修痛加批驳，名落孙山了。皇榜一出，京师哗然，"时所推誉，皆不在选"（《宋史·选举志》）。北宋古文革新的阵地，终于被旗手欧阳修及其战友梅尧臣等人，在披荆斩棘中夺了下来。而冲在最前沿，占领与巩固阵地的，就是苏洵父子。

苏洵文章在此之前本就在京师有一定流传，加之他的两个儿子同榜高中的巨大舆论传播，苏文马上产生了巨大的反响。"一日父子隐然名动京师，而苏氏文章遂擅天下"（欧阳修《苏明允墓志铭》），苏氏父子名声大噪，风光无限，"后生学者皆尊其贤，学其文，以为师法”，苏门文章成了举子的楷模，是必读的篇章。曾巩曾形象描述过苏文受欢迎的程度：“得而读者皆惊，或叹不可及，或慕而效之。自京师至于海隅障徼，学士大夫莫不人知其名，家有其书”（《苏明允哀辞》）。到了南宋时期，陆游在《老学庵笔记》里面记载了一句当时流传在举子中的俗语：“苏文熟，吃羊肉；苏文生，吃菜羹。”可见苏氏文风在当时的广泛影响。

苏文名动天下，士人“争诵其文”，使得“时文为之一变”，苏洵终于成就了自己，“老苏”也成了苏洵的专有称号。苏洵正式登上北宋文坛，在中国文化史上是一个有标志意义的历史事件，它标志着中唐以来的古文运动彻底战胜“太学”时文，取得了最终胜利，基本上结束了宋初文坛长期存在的文道之争、骈散之争、难易之争，形成了以平易流畅为特征的宋代文学风格，甚至可以说是奠定了整个宋代乃至元、明、清各代文学发展的基础。

人生的命数就是这样不可捉摸，半年前，嘉祐元年的秋冬之际，苏洵还是过着“朝扣富儿门，暮逐肥马尘”拜谒王公大臣的生活；半年之后的嘉祐二年春，却变成了王公大臣主动求见苏洵这个平头百姓了。韩绛就是主动求见者之一。

苏轼兄弟金榜题名后，正式的工作还没有具体地分配下来，父子三人就在京城及其周边游游山、玩玩水、访访友，日子过得还是很惬意。这日傍晚，父子外出归来，寺僧给苏洵送过来一封信，说是上午有位大人来访不遇，便留下一张名刺和一封书信。苏洵打开一看，来访者是吏部流内铨韩绛。流内铨是吏部的一个职能部门，负责选拔和管理中下层文职官员，大体来说，相当于现今政府中的人事部门。

韩绛在这次礼部考试中权知贡举，苏轼在及第后还写了篇《谢韩舍人启》。韩绛听说苏洵的名字，是在这次礼部考试的锁院期间。宋代科举考试，自公布参加选拔的考官之日起，直至金榜题名之日止，所有参与考试的官员都集中在固定场所，不得自由出入，这称之为“锁院”。宋代，一般锁院长达五十余天。在封闭的这些天，主考官欧阳修多次和众考官提及苏洵，对苏洵的文章也是赞誉有加，甚至说苏洵的文章比他欧阳修自己的文章都有过之而无不及。又说听说苏洵的两个儿子也来参加这次的礼部考试了，但因为没见过面，所以不知道长什么样。韩绛当时就非常好奇：这苏洵是何方神圣，竟让文坛泰斗欧阳修佩服得五体投地？殿试结束，苏轼以总成绩第一名列榜首，苏辙也是榜上有名。而听苏氏兄弟说，他们没有什么老师，大多是父亲苏洵指导兄弟俩读书习文，韩绛对苏洵的好奇心就更深了。韩绛估摸着苏家父子在登科后骑马游街的兴奋劲儿差不多消停了，找了个自己空闲的时间前来拜访苏洵，不成想苏家父子还不在家，就把名刺留下，找寺僧拿来纸笔，写了个便条回去了。

苏洵和韩绛并不相识，但既然人家主动来访，从礼貌上也应意思一下，于是，就给韩绛写了封很客气的回信《上韩舍人书》，表达了自己对国家社稷现实困境的关注，“方今天下虽号无事，而政化未清，狱讼未衰息，赋敛日重，府库空竭，而大者又有二敌之不臣”；也表达了对于自己未受重用的失望之情，“洵自惟闲人，于国家无丝毫之责”；同时，对于韩舍人来访，苏洵也表达了自己的感谢之情以及希望与韩绛相交往的意愿，“今君侯辱先求之，此其必有所异乎世俗者矣……况如君侯，平生所愿见者，又何辞焉？”

这样的踌躇满志的日子并没有持续多久。四月初，苏洵收到家人来报，程夫人病故了。噩耗传来，苏洵父子如晴空惊雷，顿感失魂落魄。来不及仔细地收拾行李，只是将比较重要的东西装上箱子，雇了辆马车，星夜赶回眉山，甚至没有来得及和京师的朋友们告别。在《上欧阳内翰第三书》中，苏洵说：“昨日出京仓皇，遂不得一别，去后数日始悔恨。盖一时变出不易，遂扰乱如此。”由此可见，程夫人的不幸辞世，对苏洵的打击有多么大，苏洵父子离京又是多么仓促。

头白鸳鸯失伴飞

妻子的骤然离世，苏洵就像失去了人生的守护神。他彷徨在妻子的墓地，像一只失伴的鸳鸯，觅觅寻寻。

江南四月，草长莺飞，杂花生树。

满载乘客的渡轮，在春水荡漾的河道上快速地航行着。船上的乘客有斜倚船舷的，也有伫立船头的，欣赏着两岸的秀美景色。绵绵梅雨将周围的群山蒙上了轻薄的面纱，在烈日下曾经那么陡峭、那么巉刻、那么雄伟、那么险峻的重峦叠壁，此刻都如此妩媚、如此柔美、如此温婉、如此妖娆。辽阔的江面，时不时跳出几尾江鱼，像是在和乘客打招呼。天空偶尔飞过一两只不知名的江鸟，装点着寥廓的江天。人们交口称赞着大自然的鬼斧神工竟是如此的奇妙。

船尾，三个神情落寞的乘客默默地坐着，不时催促船家加快点速度。那悦人的景色于他们而言似乎毫无吸引力，那间或传来的猿鸣似乎更加重了他们的凄苦哀愁。

这三个人就是回蜀奔丧的苏洵父子。

江风低回，江水含悲，子忆慈母夫忆妻。渐渐地，近了，近了，眉山的码头已依稀可见。“近乡情更怯”，苏氏父子的心“通通”直跳，家里怎样了，家里怎样了？

老仆苏大在码头迎接回家的父子三人。在苏洵父子离家的日子里，他是苏家唯一的一位成年男人，在苏家生活了一辈子。苏洵儿时的岁月，好些都是与苏大联系在一起的。那时，苏大背着他出去逛街、看舞龙、放河灯等等。转眼，两人都已老矣。

看到苏洵父子走下船来，苏大迎上前来，接过行李，刚叫了声“老爷，少爷……”就哽咽不能语了。苏洵赶忙反过来安慰苏大，而苏轼兄弟早已提着行李一路小跑着往前赶，还回过头催着苏洵快一点。

远远地就看见“苏园”了。只见才一年多的光景，“苏园”却显得如此萧索，如此落败，院墙有些残缺，篱笆也已坏掉，房屋也有些漏雨了。因为家里缺少主事儿的男丁照看，整个“苏园”有点像经过暴风雨的席卷与冲击一样，显得荒芜、冷落而萧条。

刚进“苏园”，苏轼兄弟就扔掉行李，大喊着“娘——娘——”冲着厅堂改装成的灵堂就冲了过去。听到苏轼兄弟的声音，在灵堂中穿着丧服守灵的少夫人王氏和史氏猛地一惊，眼泪就扑簌簌地掉了下来，公公和丈夫回来了，她们可算是有了主心骨了。两个年轻的媳妇刚刚站起身来，苏轼兄弟就已经冲进了灵堂，趴在程夫人的灵柩上放声大哭。老泪纵横的苏洵，也紧跟着走了进来，看到两个儿子失魂落魄的样子，苏洵也很是心痛。他强忍悲痛，和两个儿子到后屋换了身丧服，回到灵堂，听两个儿媳妇讲述程夫人过世的情况。

原来，程夫人早在去年——嘉祐元年——秋季就病了。当时请了大夫前来看病，大夫说是积劳成疾，加之秋冬变天，感染风寒，开了些药，告诉两个儿媳妇说，如果能挨过谷雨，就应该问题不大。春节过后，程夫人的病更加重了。年轻的媳妇商量着要不要给公公、丈夫写信，但程夫人坚决不允许。媳妇们没有办法，只能更加精心地给程夫人调养，但也没有大的起色。清明节后，大地回春，程夫人的精神头好像也好了起来，有一天还拉着两个媳妇说了好些话。大家都以为程夫人的病情好转了，都暗自高兴，谁知道，没过多久，竟然过世了。

苏洵看着冰冷的棺椁，内心一阵阵揪心的痛，回想着妻子的温婉贤惠，回想着妻子的大度隐忍，苏洵觉得自己很是对不起妻子。妻子对夫君充满信心，现在她充满信心的夫君名满京师归来了，她却看不到了；妻子对儿子倍感自豪，现在她的两个儿子双双金榜题名回来了，可是，她也看不见了。上天啊，为什么这么残忍，为什么对她这么残忍？为什么就不能再等等，哪怕等她亲耳听到父子三人功成名就的消息，亲眼看到父子三人载誉归来也行啊！这样，至少她可以走得放心、走得从容、走得安慰些。现在夫人已经永远地闭上了眼睛，再也无法享受到这份快乐与安慰了。捷报飞来当纸钱，夫人，你听到了吗？夫人，你看到了吗？

苏洵精心选址，将夫人安葬在彭山老翁泉旁，将墓穴一分为二——为自己预留一穴，以待日后陪伴夫人。

老翁泉，是彭山中的一股泉水，向北而下流注形成一个大井，可供村庄的一百多户村民饮用。这里山势高大壮伟，林木蓊郁清秀，泉水清冽甘甜。据村民传说，每当山中空静，月明星稀的晚上，或是雨过天晴，云开雾散之际，常常可以看见有一个白发苍颜、仙风道骨的老人躺在泉旁休息，但只要一有人走近，他就隐没井中。“老翁井”因此而得名。

安葬完毕，众人退去，苏洵独坐坟冢之前。山风微微，似夫人的小手轻抚摸着他日渐龙钟的脸庞；树叶沙沙，似夫人的呢喃软语反复地叮嘱他照顾好自己。风雨同舟三十年，回思往事，苏洵不禁泪落如雨，一直隐忍控制着的泪水，就像开闸的江水，奔涌而出。三十年中的一件件往事，如过电影般，一幕幕地浮现了出来：新婚时两人情投意合，拥卧锦衾夜读《莺莺》；初春时节，双双踏青岷江河畔，看云卷云舒，观千帆竞发；长女夭折，夫人在自己怀中痛哭失声；轼儿初语，夫人满脸自豪，笑靥如花；自己不学，夫人欲说而忍，耐心地等着自己的觉悟；八娘惨死，自己与程家断绝关系，夫人内心痛苦，却默默忍受……一段段往事在苏洵脑中回旋不止：三十年，三十年啊，夫人，你没有一天不为为夫分忧解难，没有一天不为家庭出力操心。可是，为夫者刚刚取得了一些成绩，想和你一起分享这片刻的欣慰，不曾想到相濡以沫的你竟渐行渐远，难道你竟然忘记了我们“执子之手，与子偕老”的约定？无法排遣的丧妻之痛，压得苏洵喘不过气来，他以天为纸，以口为笔，写下了一篇《祭亡妻文》，以舒缓内心的哀伤：

呜呼！与子相好，相期百年。不知中道，弃我而先。我徂京师，不远当还。嗟子之去，曾不须臾。子去不返，我怀永哀。反复求思，意子复回。人亦有言，死生短长。苟皆不欲，尔避谁当？我独悲子，生逢百殃。有子六人，今谁在堂？唯轼与辙，仅存不亡。咻呴抚摩，既冠既昏。教以学问，畏其无闻。昼夜孜孜，孰知子勤？提携东去，出门迟迟。今往不捷，后何以归？二子告我：母氏劳苦。今不汲汲，奈后将悔。大寒酷热，崎岖在外。亦既荐名，试于南宫。文字炜炜，叹惊群公。二子喜跃，我知母心。非官实好，要以文称。我今西归，有以藉口。故乡千里，期母寿考。归来空堂，哭不见人。伤心故物，感涕殷勤。嗟予老矣，四海一身。自子之逝，内失良朋。孤居终日，有过谁箴？昔予少年，游荡不学，子虽不言，耿耿不乐。我知子心，忧我泯没。感叹折节，以至今日。呜呼死矣，不可再得！安镇之乡，里名可龙，隶武阳县，在州北东。有蟠其丘，惟子之坟。凿为二室，期与子同。骨肉归土，魂无不之。我归旧庐，无不改移。魂兮未泯，不日来归。

对于恩爱的夫妻来说，先行离去是一种幸福。淡忘了红尘中的纷扰往事，远去了大千世界的愁肠百结，抛却了俗世生活中的纠结杂念，轻阖双眼，散去了满身的担负，从此之后，不再耿耿。然而于未亡人而言，却是在伤感中不断咀嚼，在思念中无限怀念。“欲将心事付瑶琴，知音少，弦断有谁听？”

程夫人下葬后，苏洵常常自己悄悄地来到老翁泉陪伴夫人。有时，朦朦胧胧中，竟然能看到夫人笑语盈盈地向他走来。这样的日子，苏洵很是满足，仿佛程夫人真的死而复生了……

苏洵与程夫人恩爱情深。程夫人生前，苏洵未纳妾宠婢；程夫人死后，苏洵也没有动过这方面的念头，而是凭着对夫人的思念，“孤居终日”地走完了人生的最后一程。有人说，苏轼、苏辙的养母，同时也是苏洵的婢妾。根据宋代习俗，乳母一经受用，便需和所乳子女一起生活，而纳子女乳母为妾也是蜀地风俗。但是，从目前所见文字资料来看，尚未有这方面的记录。苏轼在《乳母任氏墓志铭》中，只是提到任氏侍奉程夫人三十五年，而无其他描述。依照苏轼豁达的性格来说，如果任氏、杨氏真的是苏洵婢妾，以苏轼超脱、旷达的性格来说，应该是不会避讳。所以我们还是认为，苏洵一生专属于程夫人，程夫人是苏洵一生唯一的思念，唯一的爱恋。

老翁井边老泉名

一个神奇的老翁井的传说，一个神秘的井边梦境，苏洵将自己的字命名为“老泉”。这是上天的启示，还是神灵的安排？

程夫人去世后，苏洵在她的坟茔旁盖了一间小亭子，以备凭吊者休憩，其实，主要是设置一个方便自己在天气不好时依然可以陪伴夫人的所在。过去，村民传言，井中有时会有老人出现；现在，传言已经成为现实，人们经常可以看到的一个精神有些恍惚的老人徘徊在泉边，那个老人就是苏洵。他虽然不是白发苍颜，可也日渐显得有几分龙钟体态了。骤然失偶的悲伤加上多年的道途奔波，苏洵显得比实际年龄有些衰老，其实他才刚满五十岁。

七月十五中元节，苏洵和苏轼兄弟在老翁泉祭奠程夫人。仪式完毕，苏洵嘱咐苏轼兄弟先行离去，自己独自再待一会儿。苏轼兄弟走后，苏洵坐在程夫人坟前，絮絮叨叨地和她说着没完没了的话，不擅酒水的苏洵又陪着程夫人喝了一壶水酒，朦朦胧胧地有些醉意了。

冷月当空，树叶婆娑。轻张醉眼，苏洵看到井中缓缓走出一个老翁，看不清他的容颜，只见他的宽袍大袖在山风的吹拂下微微摆动。老翁在井边一趟趟地走来走去，苏洵有些疑惑，他在做什么？六个来回后，老翁停下了。苏洵远远地看过去，老翁的脚下竟然形成了一个“坎”卦的卦形：二阳陷四阴。苏洵想起《易经·坎卦》上说：“水流而不盈，行险而不失其信。”意思是说水因为流动而不能盈满，因为随体赋形而不以力争，所以也不会伤及外物，外柔而内刚，无所往而不有功。

看到老翁足下的坎卦，苏洵想，难道老翁是在向自己暗示什么吗？苏洵仔细地回想着坎卦的内蕴，生怕遗漏了什么：坎卦主要是阐释突破艰险的原则。物极必反，当盛大过度，又面临险难，但在险难中，也足以彰显发扬人性的光辉。坚定刚毅地突破重重险难，正是诚信精神的最高表现，是最崇高的行为。此时，首先应当明察，不可陷入险难，至少也不可深陷；既经陷入，当不可操之过急，期望过高，应步步为营，逐渐脱险。陷入已深，更不可轻举妄动，应先求自保以待变。在险难中，不可拘泥常理，应当运用智慧，以求突破。即使已有希望脱险，也应当谨慎，要把握最有利的时机。如果轻举妄动，就会愈陷愈深，导致无法自拔了。

苏洵一旦想通，就有种豁然开朗的感觉。他觉得老翁何止是在暗示自己，这不就是明示吗？老翁慢慢向井边走去，苏洵一着急，大声喊道：“仙翁，仙翁留步！”听到声音，老翁加快了脚步，“仙翁，仙翁高姓？”苏洵大声叫道。“老——泉，老——泉”，一个声音从井底传来。“老泉，老泉，”苏洵自己嘀咕着。

井翁刚刚离去，程夫人又笑语盈盈地走了过来，拉着苏洵的衣襟，帮他扣好张开的衣扣，又用手梳理了梳理苏洵略显蓬乱的头发，边整理边说，“你看看，我出门才几天呀，你就把自己弄得乱糟糟的。老泉，以后我不能跟在你身边照顾你了，你要学会自己照顾自己。”

苏洵很是疑惑，问夫人：“你叫我什么？”

“老泉，老泉呀，你不是苏老泉吗？”程夫人依然笑语盈盈。“好了，我走了，你照顾好自己。”程夫人向前方走去。

“等等，夫人，等等——”苏洵伸手去抓，什么也没有抓到，却把自己闪了一下。

一阵山风吹过，竟然有些凉飕飕的感觉。皎洁的月光透过蓊郁的树木洒下清辉，照得林子间影影绰绰，山峰的轮廓反而愈见清晰，也愈显挺拔。杜鹃鸟儿“不如归去，不如归去”的声声鸣叫将苏洵拉回到现实的空间，他发现，自己和衣斜卧在程夫人的坟茔上了。

站起身来，拍拍身上的尘土，苏洵收拾了收拾坟前的祭品，缓步向山下而去。刚到山脚下，就见两个人影急匆匆向山上跑来，是苏轼兄弟。原来家人久等不见苏洵归来，放心不下，苏轼兄弟便返回寻找苏洵。

回到家中，苏洵惯例地独坐书房，想想今晚的井边奇遇，苏洵觉得这也许是上天的安排，他提笔写下两个大字：老泉。此后，老泉就成为苏洵的字号了，苏老泉就成了苏洵的另一个名了。苏洵记得自己曾经问过当地村民，可有人见过井翁的尊容，但是，据说从来没有。那么，今天，自己看见了，虽然是远远的，不仅看见了，老翁还送自己一个名号。为了纪念今晚的奇遇，苏洵还写了《老翁井铭》，摘录如下：

……然余又闵其老于荒榛岩石之间，千岁而莫知也，今乃始遇我而后得传于无穷。遂为铭曰：

山起东北，翼为南西。涓涓斯泉，坌溢以弥。敛以为井，可饮万夫。汲者告吾，有叟于斯。里无斯人，将此谓谁。山空寂寥，或啸而嬉。更千万年，自洁自好。谁其知之，乃讫遇我。惟我与尔，将遂不泯。无溢无竭，以永千祀。

还写了一首《老翁井》：

井中老翁误年华，白沙翠石公之家。
公来无踪去无迹，井面团团水生花。
公今与世两何预，无事纷纷惊牧竖。
改颜易服与世同，毋使世人知有翁。

诗中的老翁年华已逝、白发苍苍，既没有亲人，也没朋友，不喜欢与人交往，独来独去，只留给人们一个远远的身影和井面上团团升起的水花，引发人们无穷的遐想。老翁不问世事，与世无争，超凡脱俗，他经历了不知多少年的岁月沧桑，隐于纷纷扰扰的人世，居于幽静宜人的井中，以山为伴、以泉为家，怡然自得。

诗文中的老翁，正是此时苏洵个人心境的映照。这时的苏洵，连遭丧妻、亡友、求仕的屡屡受挫，饱经风霜的苏洵感受到了从未有过的悲哀与无奈，隐居山林、以此终老的想法时时萦绕心间，“改颜易服与世同，毋使世人知有翁”，正是他此刻的心声。纵观诗文，诗句似淡实浓，诗人将亡友之悲、丧妻之痛和身世之感托于老翁，呈现出含蓄蕴藉的特点，很好地表达出了诗人此刻的心境。

经过苏洵的揄扬，“老翁井”名声大振，后来就越传越神了。传说喝了老翁泉水能治百病，方圆几十里的人都来取水。苏东坡也有诗句：“老翁山下玉渊回。”苏洵去世后，与妻子合葬在老翁泉旁。而后来，在历史的红尘中，苏洵墓曾一度淹没于尘世，后人正是根据老翁井诗文得以寻到苏洵墓的。民国年间曾置“老翁井”碑，背刻草书碑文，但现在碑与碑文都失传了。

千载老翁井，仅是传说故事。可有了苏洵的“铭”和诗，就有点儿文化韵味了，许多文人雅士到了三苏故里，都要去瞻仰老泉墓，看看老翁井。当今常说文化品位，于是为了吸引游客，就把老翁井建成一个旅游景点，以满足人们的好奇之需。可惜，只有苏老泉的《老翁井铭》和《老翁井》诗，却无缘见到那位来无影去无踪的白发仙翁。

需要说明的是，关于“老泉”是否为苏洵的字号，是有一定争议的。

北宋一代的文献中，很少有提及苏洵字老泉的记载。据目前资料而言，最早将苏洵与“老泉”联系在一起的是南宋人郎煜（晦之）的《苏洵文集》：“……老泉率二子抵京师，韩（琦）、富（弼）当国，叹相见之晚。老泉能见知于韩、富，而官不过主簿……初，老泉《权书》诸篇，好谈名事，颇近揣摩。”而后陆游在《老学庵续笔记》中也说："老泉布衣时，初未有名。雅安守刘（雷）太简简夫独深知之……老泉集中，与太简往来亦止有《辞召试》一书耳。"自南宋之后，元、明、清的知名人士如马端临、杨慎等，在各自的笔记或著作中，都沿袭这种说法，甚至有人干脆将苏洵的文集定名为《苏老泉先生文集》或《苏老泉先生全集》。

有学者认为，苏轼晚年字号"东坡居士老泉山人"，而"老泉"只是苏洵埋骨之地，而非其字号。南宋叶梦得《石林燕语》卷一载："苏子瞻谪黄州，号东坡居士，其所居之地也。晚又号老泉山人，以眉山先茔有老翁泉，故云。"后世学者如王恽、马元调、袁枚、王文诰、平步青、马叙伦等，都认为"老泉"是苏轼的字号。

目前，两派争论尚未有一致的结论。在没有切实可靠的文献资料证实"老泉"为苏东坡字号的前提下，我们支持长久的既有结论：老泉，是苏洵的字号。

文房清供木假山

偶然于溪边发现的一座木假山勾起了苏洵极大的兴趣，他脱下貂裘大衣与村叟交换。苏洵实在是太喜欢这座木假山所传达出的伟岸、庄重、刚直不阿的独特气韵了。

不经意间，冬天就静悄悄地来了。枯萎了树木的新绿，消退了花朵的残红，自然界的一切仿佛都变得无精打采的，失去了充沛的活力，连太阳似乎也不是那么热情了，虽然每天依然东出西落，但似乎只是例行公事，不屑于散发光、散发热，像一个没人疼爱的小受气包。空气中的湿度很大，带着浓浓的寒意，感觉刺骨的阴冷，让人很难待得住。

苏轼和夫人回娘家了，苏辙也出门会朋友去了。苏洵自己在家，越待越没意思，就让苏大套上马车，两个人出去转转。想要去哪里，苏洵自己也不清楚，就一路信马由缰地赶车出城而去了。

大约出城十四五里，路过一个小山村，村妇三三两两地在小河边洗着衣服，四五个孩子就在溪边打闹着、玩耍着。苏洵看着有趣，就让苏大将马车寄放在道边的农夫家，两人顺着小溪，向山里走去。

这条小溪，是青衣江的支流，在夏天水量充沛的时候，也是滔滔滚滚。现在正值冬季，处于枯水期，水量明显减少，大部分的河床裸露在外，怪石嶙峋的，与河道两边的略显陡峭的山势相映衬，景致倒也不错。

青衣江有个美丽的传说，据说远古时，居住在瑶池的青衣仙子，有一天从平羌江岸边经过，看见江边的人们缺吃少穿，十分贫困，便化做一位青衣女子来到人间，教人们种桑、养蚕、织布。玉皇大帝知道后，责怪青衣仙子违背天规，派天兵天将将她沉入江底，青衣仙子亮丽轻盈的衣衫将江水染得碧若靛青。人们为纪念这位美丽善良的青衣仙子，便把平羌江改为青衣江。也许是沾了青衣仙子的仙气，青衣江畔沿江的山水都具有灵气，奇峰异石汇聚两岸，稀世植物应有尽有。

溪边的小路并不平坦，苏洵主仆二人磕磕绊绊地向山里走去。山并不高，曲水其间，路转即幽；水也不太深，逶迤而秀，雅自天成。向上走了大约七八里地，山间隐隐约约露出个小庙，勾起了苏洵的兴趣。两人转向上山，不大一会，来到庙前。山庙不大，就一间房，很是简陋，依稀看得出来，来这里上香的人也不是很多。庙中供着土地爷的塑像，贡香还在燃烧，应该是有人来过，刚走不久。苏洵主仆也走累了，就在山庙中简单地找了个地方休息休息。

看看天色不早了，苏洵主仆准备原路返回，打道回府。刚刚走下土地庙的小山坡，苏洵就看到不远处有个村夫在溪边洗着一个什么乌黑乌黑的东西。走近一看，原来是一块类似山峰状的木头，一眼就能看出，这木山怎么也得有些历史。苏洵非常喜欢，就和村夫商量着能不能卖给他。村夫犹犹豫豫着。苏洵今天出来，本是散心来的，身上根本就没带什么钱，看着村夫犹豫的样子，苏洵脱下了身上穿的貂裘，与村夫作为交换。苏大看主人竟然脱下貂裘去换一块什么破木头，一个劲儿地劝说苏洵改日再说。苏洵只是摆摆手说："没什么，没什么，千金难买我乐意。"看着苏洵脱下来的貂裘，虽然说有些破旧，但毕竟也是不错的东西，村夫乐呵呵地答应了。

苏洵在溪边认认真真地把木山洗干净，又拿出手帕仔细地擦干，高高兴兴地抱着木山下山了。看着老爷只穿着个薄薄的小棉袄，苏大赶紧脱下自己的大棉袄给苏洵披上，接过木山自己抱着。苏洵一边穿棉袄，一边嘱咐苏大一定要小心，千万别摔着。

回到家中，苏洵把木山放到书房书桌上，左端详，右端详，越看越喜欢。这是一座三峰相连的木山，颜色通体乌黑，树木的纹理依稀可见，隐隐地泛着夺目的光泽，流露出来的那股天然神韵，真是让人爱不释手。

木山是继石山之后一脉相承而衍生出的文房清供。除去质地不同，二者审美情趣几乎一致，它们共同具有的独立、清峭，与世无争又凛乎不可犯的气质，与古代高士的道德风尚十分切合。木山作为文玩的历史，要稍晚于石山，在北宋年间，木山已成为文人士大夫阶层钟爱的雅物，是文房厅堂间绝陈妙设。宋代将木山唤作木假山，宋贤格物端谨，木强之以为山，故曰木假山。

苏洵所购得的这座木假山，从正面看，恰好呈现出一个“山”字形。中间一座主峰，两侧各一侧峰。也许是冥冥之中的某种安排，苏洵父子嘉祐年间，名满京师，被称为“三苏”，而苏洵今日所购的木假山刚好是三峰：中峰巍峨峭拔，两个侧峰陡峭矗立。此木假山虽为木质，而山之峭拔，石之嶙峋，靡不毕具，苏洵喜欢得如醉如痴，赏玩不尽。

轻轻地抚摸着木假山，看着依稀透出的树皮的纹理，苏洵蓦然感慨万千：世上树木数不胜数，它们在成长的过程中会遭际怎样的磨难啊！有多少树木刚刚发芽却惨遭夭折，又有多少长到合围却被摧折。即使树木侥幸长大，又因其粗壮而被做成家具、撑起大梁、建造房屋，更有不幸地被狂风连根拔起，被洪水拦腰折断而腐烂破败不堪。幸而不破折不腐朽，则很可能又成为人们烧火用的木柴而有斧斤之患。最为幸运的树木也许就是淹没于流沙之间，经过成百上千年的冲刷磨洗，形成山的形状，而后被人们发现，这才可以摆脱泥沙，且免受刀斧砍伐，而能重见天日。可是，在人迹罕至的江边河岸，像这样的木假山会有多少呢？如果不是被像自己这样的好事者发现，它们不就被山民村夫当作柴火烧了吗？唉！即使是得到天地钟灵毓秀的树木，也有可能是不幸的啊！

想到树木的幸与不幸，苏洵转而又想到自己一生求仕的坎坷经历，挥毫之意，油然而生，当即潇洒成文，是为《木假山记》：

……

予家有三峰，予每思之，则疑其有数存乎其间。且其蘖而不殇，拱而不夭，任为栋梁而不伐；风拔水漂而不破折、不腐；不破折，不腐，而不为人所材，以及于斧斤；出于湍沙之间，而不为樵夫野人之所薪，而后得至乎此，则其理似不偶然也。

然予之爱之，则非徒爱其似山，而又有所感焉；非徒爱之，而又有所敬焉。予见中峰魁岸踞肆，意气端重，若有以服其旁之二峰。二峰者庄栗刻峭，凛乎不可犯，虽其势服于中峰，而岌然无阿附意。吁！其可敬也夫，其可以有所感也夫！

苏洵饱蘸浓墨，将自己从一介布衣到京师文豪，从少小科举到老来蹭蹬的人生慨悟，投射于字里行间，通过述说树木的磨难，暗喻着人间的艰辛，昭示着人生的际遇，折射着哲理的意味：一个人，若要取得最终的成功，与树木摆脱种种厄运而形成木假山的遭遇是何等的相似啊！

苏洵喜欢这座木假山，并不仅仅因为这是大自然的鬼斧神工，也不是因为它的形状的天工自成、古朴奇特，更重要的，是喜欢这木假山所传达出的独特气韵，也就是苏洵在文章最后一个自然段所说的喜欢它中峰伟岸，意气端重，而两旁二峰虽势服于中峰，但凛然决无阿谀奉承之意。这正是做人的道理。苏洵的一生，虽然坎坷曲折，但他不谄媚权贵，即使求助于权贵，也求得光明磊落、求得是理直气壮。这样的一种气节，同时也言传身教给了苏轼兄弟，在宦海中沉浮的苏轼兄弟，无论是官场得意之时抑或屡遭贬谪之日，都时时不忘父亲的教诲。父亲的木假山，永远矗立在他们的面前，木假山的伟岸、庄重、刚正不阿的形态，成了苏轼兄弟一生为人的准则。

三峰木假山，苏洵一直奉为至宝。苏氏父子三人进京时，曾将木假山带去，运至汴京所居的南园。梅尧臣在见过三峰木山后，写诗赞道：

空山枯楠大蔽牛，霹雳夜落鱼凫洲。
鱼凫水射千秋蠹，肌烂随沙荡漾流。
唯存坚骨蛟龙锼，形如三山中雄酋。
左右两峰相扶翊，莫奉君长无慢尤。
苏夫子见之惊且异，买于溪叟凭貂裘。
因嗟大不为栋梁，又叹残不为薪槱。
雨侵藓涩得石瘦，宜与夫子归隐丘。

陆游也写过诗歌《木山》，表达了对三苏父子的仰慕之情：

枯楠千岁遭风雷，披枝折干吁可哀。
轮囷无用天所赦，秋水初落浮江来。
嵌空宛转若耳鼻，峭瘦拔起何崔嵬。
珠宫贝阙留不得，忽出洲渚知谁推。
书窗正对云洞启，丛菊初傍幽篁栽。
是间著汝颇宜称，摩挲朝暮真千回。
天公解事雨十日，洗尽泥滓滋莓苔。
一丘一壑吾所许，不须更慕明堂材。

苏轼和苏辙更是写了好多首诗文表达自己对三峰木山的喜

欢和对家藏三峰木山的自豪。

苏氏父子先后去世后，三峰木山又从京城运回眉山苏宅，苏氏后裔设堂供奉。可惜的是，苏洵当年手置的这座木假山终未能逃脱浩劫，苏洵笔下意气庄严、丰神朗逸的三峰木山，在明末随整座祠堂毁于兵火，而后人再也没有机会目睹三峰木山的神韵，只能从《木假山记》中一窥三峰特立于世的奇绝风貌了。现在存储于三苏祠木假山堂的古木，是清道光年间，眉山书院主讲李梦连在眉山城南岷江河边发现的。此古木酷似苏洵木假山的乌木，于是花重金购回赠予三苏祠。

《上皇帝书》谢君恩

仁宗皇帝亲下诏书，召苏洵前往舍人院试策论，准备擢用。可是性情执拗的苏洵却断然拒绝了，还给皇帝提出一堆政治革新的意见。

春去秋来，树叶绿了又黄。放眼青山，层林尽染。柿子熟了，像一个个橙色的灯笼挂在树上；枫叶红了，像一片片彩霞招摇在枝头。漫山遍野的灌木林啊，五颜六色，绚烂斑斓，就像高明的画家不小心打翻了的调色板。

寥廓的天空，像大海一样湛蓝，经过了秋雨的洗刷，干净明亮。朵朵白云犹如扬帆起航的轻舟，慢悠悠地飘荡着。秋日胜春朝啊！

归家一年多，苏洵的心情渐渐地从痛苦中恢复了过来。闲来无事，四处走走，与朋友聊聊天，谈谈经，论论道，日子过得也是惬意。虽然心里一直惦记着京师的动态，但那也不是自己能够左右的，也只能是等待再等待。

这一天，苏洵带着苏大，两人在江边钓鱼。秋日的暖阳斜斜地晒着，秋日的微风徐徐地吹着，主仆二人怡然自得地享受着清秋的好天气。苏洵把鱼饵固定在钓钩上，把渔线潇洒地抛向河中，就手持钓竿，坐在树荫下，静静地等待着。阳光透过树叶，斑斑驳驳地洒落在他的脸上，深深浅浅的皱纹诉说着主人这些年奔波的不易。

鱼还没有钓着几条，苏辙急匆匆地跑来了，告诉苏洵眉山县令来家里了，苏轼现在在家作陪。苏洵急忙把钓竿交给苏大，自己跟着苏辙快步向家里走去。路上，苏洵问苏辙，县令来家的原因，但苏辙也不大清楚。苏洵猜想着，应该是京师那边有情况了。

刚走进厅堂的大门，就看见笑吟吟的眉山县令端着茶碗喝茶呢。县令看到苏洵回来了，赶紧站了起来打招呼。虽然苏洵现在还是一介平民，但人家毕竟也是京师名人，县令还是不敢怠慢的。

县令告诉苏洵，日前，京师来了诏令，让苏洵即刻东行，赴京试策论于舍人院。这是朝廷对于一个普通士子的特别加恩，说明被诏之人皇上已知，并准备擢用，而且用不着等三年一度的贡举或制科考试，而是破例单独去舍人院应试，说明朝廷对他是急于擢用的。这一年是嘉祐三年(1058)十月，距欧阳修呈文推荐苏洵已经两年了。

这样的好消息，对于一般人而言，应该感到欣慰和振奋，甚至是万分激动的。但是，苏洵在听到这个消息后非常懊恼，甚至非常气愤。他婉转地感谢了县令前来送信，表达了自己因身体原因不能赴京的遗憾，并客气地告知县令，自己会向皇上解释清楚，绝对不会牵连县令大人。

送走县令，苏洵几乎是一气呵成地写了一封洋洋洒洒，长达六七千字的《上皇帝书》，他以身体有病为借口，断然拒绝了皇帝赐予自己的这个特殊恩宠。信一开头，在说了几句感谢“陛下过听，召臣试策论舍人院”等例行恭维话后，就很含蓄地表白自己所以辞而不赴的原因“有负薪之疾，不能奔走道路”，而且“自知其疏拙，终不能合有司之意，恐重得罪”，然后苏洵申述了自己“亦欲效尺寸于当时，以快平生之志”，而不是想避世隐居或借此沽名钓誉。

苏洵身体有病是真的。自妻、友去世后，苏洵一直郁郁寡欢，身体状况也一直不好，但还不至于到“不能奔走道路”的程度；苏洵所担心的“终不能合有司之意”，也是因为苏洵文风不走寻常路，不写“时文”，有过去几次考试落榜的经历，而且苏洵一直对科举制度心存不满，担心不“合有司之意”也是可以理解的。但“恐重得罪”显然是客套话了，此次赴京策论，是皇帝钦点，哪里会有服从诏令反而得罪的道理呢？苏洵不仅婉拒了皇帝的诏令，而且在《上皇帝书》中还提出了自己对于政治革新的十条主张：重爵禄、罢任子、严考课、尊小吏、复武举、信大臣、重名器、专使节、停郊赦、远小人。

瞧瞧，这就是苏洵。拒绝皇帝不说，还给皇帝提意见让人家接受。但是，从这些字里行间，确实也让我们看到了一个胸怀坦白、光明磊落、洁身自好的典型的古代士大夫，他不自卑、不自负，实事求是地将自己呈现了出来，并不介意他人怎样看待自己。

苏洵落拓半生，求仕无果，现在，好不容易有了机会，一纸诏书，可以带来出头之日，他为什么要拒绝呢？归结原因，大体有以下几点：其一，确实有病在身。在《与梅圣俞书》中说："昨适有病，遂以此辞"；在《与雷简夫书》中也说："承命自笑，恐不足当，遂以病辞"。可见，苏洵当时是当真有病，但是，有病也只是一个借口。其二，对朝廷拖拖拉拉的官僚作风不满意。在《上皇帝书》中，苏洵说："蒙本州录中书劄子，连牒臣：以两制议上翰林学士欧阳修奏臣所著《权书》《衡论》《几策》二十篇，乞赐甄录"。欧阳修上书推荐苏洵是嘉祐元年(1056)，而将近两年后嘉祐三年(1058)，朝廷才下文，要求苏洵去复试。照此推算，复试后再两年录取，录取后再两年任命，到时自己就是一衰朽老翁了，即使任命了，"洵固已老而不能为矣"，那又有什么意义呢？当然，这只是苏洵的个人推测。但由此也不难看出，苏洵对官僚主义的不满与痛恨。其三，不满于朝廷对他的不信任。在苏洵看来，既然朝廷已经看过他写的文章，对他的能力也是应该了解的了，还让他去参加策论，就是对他的极大的不信任。既然对自己不尊重，不信任，那去不去就没什么意义了。

拒绝了皇帝的诏令，苏洵依然优哉游哉地过着他消闲的日子。倒是苏洵的朋友们总是担心他，责备他不该轻易地放弃这样的好机会。苏洵对于朋友的关心表示了感谢，一一写信解释自己辞而不赴诏的原因。

嘉祐四年(1059)六月，朝廷再次下诏，要求苏洵进京策试。苏洵还是不想去。关心苏洵前途的人，张方平、雷简夫等，都替苏洵担心，劝他不要放弃机会。梅圣俞也写信，并赋诗《题老泉寄苏明允》一首，劝苏洵入京：

泉上有老人，隐见不可常。
苏子居其间，饮水乐未央。
渊中必有鱼，与子相徜徉。
渊中苟无鱼，子特玩沧浪。
日月不知老，家有雏凤凰。
百鸟戢羽翼，不敢言文章。
去为仲尼叹，出为盛时祥。
方今天子圣，无滞彼泉旁。

梅尧臣劝苏洵退一步不为自己着想，但为了家中苏轼、苏辙这两只雏凤凰，也该进京。考虑到苏轼、苏辙守制期将满，而三十年中，自己的亲朋好友死的死，亡的亡，眉山已经没有什么亲人了，如果自己坚持独自留在家乡，只能给两个孩子平添担忧，苏洵决定在苏轼兄弟丁母忧期满后，一起赴京。

主意既定，苏洵给欧阳修写了一封信，即《上欧阳内翰第四书》，信中阐明了自己辞诏原因，也申明了此次赴京是因为“王命且再下，洵若固辞，必将以为沽名而有所希望。今岁之秋，轼、辙已服阕，亦不可不与之俱东。”同时也表明，自己此番赴京，断然不会去赴舍人院策论的心意。

临行之前，苏洵变卖了一部分家产，造了六尊菩萨像和两个木刻镶金的龛座，把它们献给寺庙，安放在极乐院的如来堂中。这六菩萨是观音菩萨、势至菩萨、天藏王、地藏王、解冤王者、引路王者。苏洵写了《极乐院造六菩萨记》:“死者有知,或升于天,或升于四方,上下所适如意,亦若余之游于四方而无系云尔”,告慰留在眉山的去世的亲人。苏洵知道,这一次的远行,将会是举家搬迁,也很可能是永远地离开这块生养他的家园,永远地告别这里所有亲人的遗冢,能不能再回到这里,都将是个未知数。

嘉祐四年(1059)十月,苏洵一家三代人:儿子、儿媳,保姆任氏、杨氏,加上苏家新添的长孙苏迈,正式启程,告别乡园,买舟沿江而下。

这一次的离别故乡,苏洵内心真的很是纠结,他的心情很是复杂,对故乡的眷恋,从未如此深重,以至于聪慧敏捷的苏轼、苏辙对苏洵的这种心情都不甚了解,不知体谅,而是苦求父亲一起赴京。而这一次的离别故乡,也正如苏洵所预料的,是与故乡的诀别。此后,苏洵生前再也没能回来;死后的荣归故里,则成为后话。

勉为小官心不愿

苏洵勉强接受了品秩低下的小官职务，他的心里充满了无限的委屈与不满。苏洵不知道即使是这种小官，其实也是来之不易的。

苏洵一家，沿岷江、长江顺流而下，沿江风景饱览无余。险峻雄奇的山势、秀丽温雅的水景，使得三位文豪流连其间，时而诗兴大发、吟歌作赋，时而睹物怀古、议论兴替。一路之上游山玩水、赏景观物，断断续续地走了四个多月，嘉祐五年(1060)二月，才抵达京师。

苏家并没有居住在京城中，而是在京郊雍丘租赁了一个农户小院住了下来。苏洵不愿意将家安顿在京城之内，一来京城的消费比较高，而苏家这些年连年有事，加之又刚从蜀中搬迁过来，经济上不算太宽裕了，京郊的生活费用相对便宜，能把一大家子的生活较轻松地安排好。二来苏洵这次赴京心情一直不大好，比较郁闷。如果住在京城之内，势必会与达官显要碰面，而以苏洵清高的个性，此时实在没有心情见他们，所以离他们远点，和他们保持距离，这样就可以把自己和京城的官场圈子隔离开来。

苏轼和苏辙到吏部销假报到后，就在家准备来年的制科考试。而苏洵在赴京之前就表达过自己绝不参加策论的心意，所以到了京城后，尽管苏洵知道现在是韩琦宰相当国，但怎样安排，如何安排，他心里也没有数，也只能是等待。这样的等待就是一种折磨，一种煎熬，是没有目标的努力，是不知结果的期盼，等待的目标与结果事实上并不取决于他本人。

春风吹走了冬的阴霾，吹得屋后的竹树葱茏满目，吹得房前的杂花绚烂满坡，菜花金黄，麦苗吐绿，蜜蜂在花间自由飞舞，行人在小道上任意穿梭。苏洵抱着孙子苏迈坐在院中晒着太阳，欣赏着如画的春光，可是，他心里的春天却一直没有到来。

夏荷开了，芦花白了，累累的果实缀满枝头，压弯了树木的腰肢。苏洵终于等来了属于他的收获的秋天。嘉祐五年(1060)八月，朝廷任命苏洵为试秘书省校书郎。校书郎是一个九品小官，主要从事图书档案校雠、撰写祭辞祝文之类的相关工作。因为苏洵是布衣，连起码的资格都没有，所以称为“试”，也就是代理、试用。苏洵非常不满意，在他看来，这不过是“趋走拜伏”、“劳筋苦骨，摧折精神，为人所役使”的小吏，但是也勉为其难地接受了。毕竟，在京师不比在眉山，皇都米贵，居之不易啊！

根据宋代的惯例，官吏得到任命，都要写谢表表示感谢。苏洵也不能例外，虽然他是“试”的，虽然他很不满意朝廷对自己的安排。苏洵还从来没有写过这种官样文章，思忖半天，他写下了平生第一次——也是最后一次的谢表——《谢相府启》：

朝廷之士，进而不知休；山林之士，退而不知反。二者交讥于世，学者莫获其中。洵幼而读书，固有意于从宦，壮而不仕，岂为异以矫人？上之，则有制策诱之于前；下之，则有进士驱之于后。常以措意，晚而自惭。盖人未之知，而自炫以求用；世未之信，而有望于效官；仰而就之，良亦难矣。以为欲求于无辱，莫若退听之自然。有田一廛，足以为养，行年五十，将复何为？

不意贫贱之姓名，偶自彻闻于朝野，向承再命以就试，固以大异其本心。且必试而审观其才，则上之人犹未信其可用；未信而有求于上，则洵之意以为近于强人。遂以再辞，亦既获命。于匹夫之贱，而必行其私意；岂王命之宠，而敢望其曲加？

昨承诏恩，被以休宠，退而自顾，愧其无劳。此盖昭文相公，左右元君，舒惨百辟，德泽所畅，刑威所加，不旸而熙，不寒而栗，顾惟无似，或谓可收。不忍弃之于庶人，亦使与列于一命，上以慰夫天下贤俊之望，下以解其终身饥寒之忧。仰惟此恩，孰可为报？

昔者孟子不愿召见，而孔子不辞小官，夫欲正其所由得之之名，是以谨其所以取之之故。盖孟子不为矫，孔子不为卑。苟穷其心，则各有说。虽自知其不肖，常愿附其下风。区区之心，惟所裁择！

答谢信中，苏洵没有什么谀辞套话，而是完全内心的真实想法进行了陈述，表明自己此前辞不就试和现在接受任命的心路，以古人古事立论自己进退、出处的事势和心理，以“孟子不愿召见”和“孔子不辞小官”自比，说明自己的行为是对古代圣贤的追随与师法。

《谢相府启》是写与官方的公文，在文中，苏洵按捺着内心的不满与委屈，尽可能让自己冷静下来，婉曲地表明自己的态度。

写完《谢相府启》，苏洵觉得内心的压抑还是无法释怀，想和朋友再说道说道。于是，提笔给欧阳修写了一封信，即《上欧阳内翰第五书》。在信中苏洵自我安慰“其去不追，而其来不拒；其大不荣，而其小不辱，此洵之所以自信于心者”，貌似旷达而内心酸楚。过去自己未食人禄而平交王侯，受人尊重；现在既食人禄而只能任人驱使了，“此洵所以身自怜也”！在信中，苏洵则大倒苦水，倾吐自己内心的苦闷。

苏洵越写感情越激昂，在给欧阳修写完信后，又给韩琦写了封《上韩丞相书》，他愤慨地写道：“今洵幸为诸公所知，似不甚浅，而相公犹以为意。至于一官，则反复迟疑不决累岁。嗟乎！岂天下之官以洵故冗耶?”牢骚委屈，流于字面；不平之意，溢于言表。

苏洵写完之后，感觉自己该说的都说出来了，心情好像不那么压抑了，也就基本上从心理上接受了这个闲散的小官。

苏洵不知道，他的这个小官还是在欧阳修一再举荐之下，朝廷在多番讨论之下才任命的。因为苏洵不愿意参加舍人院的策论，朝廷很难给苏洵任命安排合适的职位。宋代的官员大多是通过科举或制科出身，还有一部分凭借祖上恩荫得官。苏家几代不仕，压根谈不上什么恩荫，加之苏洵坚决不参加策论，所以韩琦、富弼等人纵然有心帮忙，也需要寻找合适的时机、合适的职位。为政之道，规则多多，潜规则亦多多，这是官场之外的苏洵所不大清楚的。

看到苏洵闷闷不乐的样子，欧阳修多次帮苏洵说话。韩琦也觉得给苏洵一个试校书郎的职务的确有些过不去，答应再考虑考虑。与欧阳修不同，欧阳修属于官吏型文人，虽身在官府，但欧阳修的骨子里还是文人性情，考虑事情以人情为主；而韩琦和富弼则属于文人型官吏，虽然爱好文学，也尊重文人，重用文人，但其骨子里是以政治为主，考虑事情的时候以政局为主。韩琦和富弼了解苏洵，也知道苏洵有自己的一套治国、改革思想，但是苏洵的政治思想有些激进，不大适用于北宋当时的政治环境，所以一时之间也很难安排苏洵。这些都是苏洵所不知道的，而韩琦、富弼与苏洵一向私交不错，也不大愿意当面解释这些具体原因。所以对于苏洵，一直就处于“知其才而不能用”的尴尬境地。

嘉祐六年(1061)七月，朝廷打算让太常寺——掌礼乐、郊庙、社稷的官署机构——修纂从北宋建立以来的《礼书》。这是一项工程量不小而且技术含量比较高的工作。韩琦想到了苏洵。朝廷之上，韩琦提出《太常因革礼》的修订由欧阳修来负责主持协调，苏洵与姚辟负责编撰，得到仁宗皇帝的许可。

很快，苏洵被任命为霸州文安县主簿，食其俸禄，居于京师，与陈州项城县令姚辟同修《礼书》。苏洵的品位也由九品升为八品，头上的“试”字衔也去掉了。五十三岁的苏洵终于成为国家正式在编的公务人员了。

千古公案《辨奸论》

苏洵与王安石性格不合，往来较少。一篇《辨奸论》成为悬而又悬的学术公案，将两个大文豪置于历史的审判台上。

唐宋八大家中，除韩愈、柳宗元外，其他六位，大多生活于北宋中期，而且彼此间关系都比较亲近。欧阳修是北宋中期的文坛教主，曾巩是欧阳修的学生，苏轼、苏辙都是欧阳修的门生，苏洵是欧阳修的挚友。还剩一人王安石。王安石是曾巩的朋友，曾巩曾向欧阳修推荐过王安石，从现存的文献资料来看，欧阳修与王安石的交往也是非常亲密的。欧阳修、曾巩、王安石私交较好。但苏氏父子三人，与王安石似乎“矛盾丛生”。且不说熙宁变法中，王安石与苏轼、苏辙的政治争端，单就变法之前这段时间而言，三苏与王安石也没什么交往。但这主要应该归诸王安石一直外任为官。但是，嘉祐元年，在欧阳修家的一次私家宴会上，王安石和苏洵曾经共聚一桌，但其后两人仍没有什么交往，甚至王安石母亲去世后苏洵也没有前往吊唁，苏洵去世后，王安石也没有一文半字的。这些，都为后人诟说二人间的龃龉提供了强有力的“依据”，甚至有人说，苏洵的《辨奸论》就是含沙射影地指斥王安石的。这篇文章就成了老苏与小王之间的千古公案。

历史难道真的是这样的吗?

王安石比苏洵小十三岁,但成名却比苏洵早十三年,这也许是历史与两位大文学家开的一个善意玩笑。当苏洵还偏安西南汲汲于功名之时,王安石早已名满天下。嘉祐元年(1056),苏洵文章"名动京师",任地方官期满回京的王安石当然也拜读了苏洵的文章。但王安石不喜欢纵横家风格的文章,于是开玩笑说苏洵的文章是"战国纵横之学"、"兵谋、权利、机变之言"而"独不嘉之"。这个玩笑不知道怎么传到苏洵的耳朵里了。苏洵是一个对自己、对自己的文章都相当自信的人,而且他还有些微微的偏执,听到王安石这样评价自己的文章,心里颇为不悦。

苏洵并不认识王安石,但早就听说过王安石的名字,还听说王安石经常蓬头垢面、衣衫不整,是个认准死理九牛二虎也拉不回的"拗相公",苏洵对这样的"不近人情"的行为很是反感。

嘉祐元年秋,裴如晦将赴任吴州。热情的欧阳修在自己家为他饯行。席间邀请了刚刚外任回京的王安石、刚到京师不久的苏洵,还有梅尧臣、苏舜钦、王安国、姚子张、焦伯强,加上裴如晦和主人欧阳修,共九人。酒酣宴饮之际,席间以"黯然销魂唯别而已矣"分韵赋诗,苏洵分得一"而"字韵。苏洵本不擅长音律,勉强赋了首"谈诗究乎而",暗自深感惭愧。没想到坐在对面的王安石诗兴大发,端着酒杯,连续吟出了两首"而"韵诗。其中"傲兀何宾客,两忘我与而"、"采鲸抗波涛,风作鳞之而"更是赢得了个满堂喝彩。看着一脸得意的王安石，苏洵心里很是懊恼，想起听说的王安石对自己的评价，苏洵的脸色黑了下来。

宴饮结束，苏洵走在最后边。他悄悄地拉了一下欧阳修的袖子，低声地问：

“刚才那个蓬头垢面滔滔不绝赋诗不止的人是谁呀？”

欧阳修愣了一下，忽而反应过来，笑了笑说：

“啊，你说的是王安石王介甫吧？他那个人是有点不拘小节。不过人品还是很不错的，值得交往。时间久了你就知道了。”欧阳修觉得奇怪，刚才大家呼名叫姓地老半天了，苏洵也不是第一天到京师，怎么连鼎鼎大名的王安石也不知道呢？

苏洵表情严肃、一本正经地对欧阳修说：

“我听说，行为不近人情者必会祸乱天下，您还是少和这样的人交往为好。”

苏洵的回答让欧阳修大吃一惊，一时之间，他甚至不知道该怎样回答苏洵了。

“啊——不至于吧？有点夸张了。介甫这人就是有点执拗而已。”

这次宴会是苏洵和王安石的第一次交往，苏洵对王安石的印象坏透了。虽然欧阳修建议苏洵与王安石多接触，互相多了解，但苏洵不想和王安石发生任何关系。两人虽然没有什么本质性的交锋，但却不知不觉地走入了一个他们自己都无法左右的怪圈。

嘉祐五年(1060)，苏家父子守丧归来，此时的王安石已经大权在握。有着多年基层工作经验的王安石对大宋王朝的时弊感触极深，他认为官僚的豪夺、豪强的兼并，已经危及朝廷的安危，所以力主革新变法。但朝中老臣如欧阳修、富弼、韩琦、张方平等，认为老百姓固然为国家基础，而官僚豪强实为国家栋梁，革新可以，但不可动作太大，应该循序渐进。一时之间，朝中两派争论不休，常常发生激烈辩论。

作为苏洵而言，他要求变革的心意与王安石是一样迫切的，他的许多观点其实是与王安石一致的，只是两人看待问题的角度稍有不同。苏洵也认为大宋王朝积弊已久，确实到了应该革新的时候了。这些观点，早在他的论著中就已表明了。但是，因为不喜欢王安石这个人的所作所为，而且也因为自己官微言轻，所以苏洵没有过多参与其中的论争。

一个人如果总是特立独行，就难免会让自己成为大多数人的对立面，而将自己陷入孤立的地步。王安石就是这样的一个人。就王安石来说，他的情商远远低于其智商。至和元年(1054)，王安石第一次入朝任职的那一段短短的时期，他变动成规，一厢情愿照自己的想法办事，结果将事情弄得错乱无常，并与同僚争吵不已。这明显表现出他在为人处事上的不够圆通。他长于化友为敌，短于化敌为友。这是王安石性格上的缺憾。

朝廷中发生的这一切以及每个人的表现，苏洵都是看在眼里的。

嘉祐八年(1063)八月，王安石的母亲去世，朝中士大夫纷纷前往王安石家吊唁。苏洵与王安石关系素不密切，对于这一切只是冷眼旁观。一日晚间，苏洵在书房继续研究他的《易经》，间或抬头看见书架上一排排的史书，忽而心动，提笔写下一篇文章《辨奸论》：

事有必至，理有固然。惟天下之静者，乃能见微而知著。月晕而风，础润而雨，人人知之。人事之推移，理势之相因，其疏阔而难知，变化而不可测者，孰与天地阴阳之事。而贤者有不知，其故何也？好恶乱其中，而利害夺其外也。

昔者山巨源见王衍曰："误天下苍生者，必此人也！"郭汾阳见卢杞曰："此人得志，吾子孙无遗类矣！"自今而言之，其理固有可见者。以吾观之，王衍之为人，容貌言语，固有以欺世而盗名者。然不忮不求，与物浮沉，使晋无惠帝，仅得中主，虽衍百千，何从而乱天下乎？卢杞之奸，固足以败国；然而不学无文，容貌不足以动人，言语不足以眩世，非德宗之鄙暗，亦何从而用之？由是言之，二公之料二子，亦容有未必然也。

今有人，口诵孔老之言，身履夷齐之行，收召好名之士、不得志之人，相与造作言语，私立名字，以为颜渊孟轲复出；而阴贼险狠，与人异趣，是王衍卢杞合而为一人也，其祸岂可胜言哉！

夫面垢不忘洗，衣垢不忘浣，此人之至情也。今也不然，衣臣虏之衣，食犬彘之食，囚首丧面而谈诗书，此岂其情也哉？凡事之不近人情者，鲜不为大奸慝，竖刁易牙开方是也。以盖世之名，而济其未形之患，虽有愿治之主，好贤之相，犹将举而用之，则其为天下患，必然而无疑者，非特二子之比也。

孙子曰："善用兵者，无赫赫之功。"使斯人而不用也，则吾言为过，而斯人有不遇之叹，孰知祸之至于此哉！不然，天下将被其祸，而吾获知言之名，悲夫！

写完之后，苏洵看了两遍，并没有当回事，顺手就把文章放到了书桌的右上方，继续研究他的《易经》去了。

几天后的一个早上，吃罢早饭，苏辙欲言又止地看着苏洵。苏洵很是奇怪，问道："怎么了，辙儿？有什么话要说吗？"

苏辙吞吞吐吐地说道："爹爹，我——我在书房——看到一篇文章——"

"啊，怎么了？"苏洵边喝茶边问。

"您——是不是有什么想法呀？"苏辙猜测地问道。

"啊，你是说那篇《辨奸论》吧？"苏洵平静地说道。

"有什么想法呀？有感而发，顺笔写写而已。"

"爹爹，难道您不是针对什么人写的吗？"苏辙有些疑惑了。

"你是说王安石啊!？不会，不会，"苏洵摆摆手说，"你觉得你爹就这么狭隘吗？王安石那人我是不喜欢，但我也不至于这么落井下石吧？"苏洵哈哈大笑地调侃着。

"噢！那就好！那就好！"苏辙心里的石头终于落地了。

"不过，爹爹。我觉得这篇文章有点容易让人误会，咱能不能不要拿给人看？"苏辙还是有些担心。

"行行行，听你的。"苏洵喝完茶，放下茶杯，进屋去了。

苏洵果然没有主动将这篇文章拿给什么人看，甚至对欧阳修都没有提及。只是有一次张方平偶然过府拜访苏洵，无意间看到了。苏洵千叮咛万嘱咐地告诉张方平务必保守秘密，千万不能和任何人提起。因此这篇文章，在苏洵生前从未公布于世。

治平三年(1066)春，五十八岁的苏洵撒手人寰。二十多年后，元祐二年(1087)，苏轼为张方平的《乐全集》作序，张方平回忆起早年与苏洵交游的往事，特意写了《文安先生墓表》寄予苏轼，《辨奸论》这才逐渐为人们所知。

《辨奸论》的横空出世，尤其是《辨奸论》不合时宜的写作时间，引起了后人的无限遐想。别有用心的一些人便将苏洵没有明确所指的人安在王安石的头上。数百年来，一篇《辨奸论》，成了千古争讼不休的历史公案，也将苏洵与王安石两位大文豪永远地放在了历史的审判台上。

苏洵和王安石都是中国历史上出类拔萃的文学家、思想家，他们之间，并没有不可逾越的思想芥蒂，只是二人性格都过于“迂阔”，不能和平相处而已。他们不是对手，而且，即便是对手，或因思之相异，或有法之不同，但对于二人而言，因私废公，为党同伐异而进行恶意的人身攻击的事是不会发生的。是非自有公论，善良的人们是会实事求是地评价《辨奸论》这篇文章的，也会理性客观评价苏洵和王安石的所作所为的。

重阳菊宴抒怀抱

重阳节赏菊宴上,苏洵酒后和诗一首,抒发了内心积郁已久的块垒。这首诗成为苏洵诗歌的压卷之作。

秋风阵阵吹拂,红了枫叶,白了芦花,黄了菊花,一年一度的重阳节也就来了。九九重阳,登高、赏菊、插茱萸,是古老的传统习俗。

治平二年(1065)九月初九,又是一年重阳节。东京汴梁,男女老少,走出家门,登高、赏菊、饮酒、会友。而那些达官贵人的府第,更是热闹非常,一家家大摆筵宴,邀朋约友,饮酒赋诗。这年的重阳节对于苏洵来说,更是不一般,刚刚完成了《太常因革礼》的编撰,苏洵真是一身的轻松,而日前又接到了宰相韩琦的请柬,邀请他过府小聚,参加家宴,同赏菊花,共品香茗。苏洵老怀大慰,身心愉悦。

在宋代,庆祝重阳节的活动非常隆重,与菊花相关的活动尤其多,孟元老在《东京梦华录》中说,"九月重阳,都下赏菊,有数种:其黄白色蕊若莲房,曰'万龄菊';粉红色曰'桃花菊'……无处无之。酒家皆以菊花缚成洞户,都人多出郊外登高……前一二日，各以粉面蒸糕遗送。”周密在《武林旧事》记载：“重九，禁中例于八日作重九排当，于庆端殿分列万菊，灿然眩眼，且点菊灯，略如元夕。内人乐部亦有随花赏，如前赏花例，盖赏灯之宴，权舆于此，自是日盛矣。或于清燕殿、缀金亭赏橙橘。遇郊祀岁则罢宴。都人是月饮新酒，泛萸簪菊。且各以菊糕为馈，以糖肉秫面杂糅为之，上缕肉丝鸭饼，缀以榴颗，标以彩旗。……”从这些历史文献中，约略可以看出宋人对重九的重视，也可管窥出宋人重九风习。

重阳日，天气晴好，微风淡淡，正是赏花的大好时机。苏洵早早起来，梳理收拾停当，前往韩府赴宴。

韩琦是北宋著名政治家，在北宋一代历史上占据着重要的地位。相传，福建泉州有一相面人，察觉自己女儿面相富贵，又观天象觉察近期有贵人出现，于是领着自己的女儿在城门口等待，恰好韩琦的父亲韩国华前来泉州任职。相面人就拉着自己的女儿走到韩国华的车马前，也不下跪，直接就说：“请让我的女儿为您生个宰相儿子。”韩国华一愣，看看下面站着的父女俩，老人身材瘦小但眉宇不凡，女儿相貌平平但英气勃发。说来也怪，平常生活作风非常谨慎的韩国华竟然爽快地答应了，身边的随从感到疑惑非常。不几年后，他们的孩子韩琦就出生了，但韩琦的母亲却难产去世了。三年后，韩琦的父亲韩国华也去世了。临死前，韩国华将其他子女叫到床前，嘱咐他们要好好地抚育韩琦长大。所以，韩琦与唐代文豪韩愈一样，都是由哥哥嫂嫂抚养长大的。

在福建泉州，民间现在还流传着韩琦出生的故事：泉州连理巷口有个叫“生韩宫”的小庙，就是韩琦的出生地。明代名书法家张瑞图曾写下“生韩古地”四字。听生活于连理巷一带的人们讲，生韩宫里原有一块石头，生韩琦时曾有血水渍了进去，石头表面就呈现出红色。奇怪的是，用水洗它，则越洗越红，人们称为“生韩石”。后来，生韩石被移到了开元寺，石头的血色就渐渐消淡了。如今，连理巷与生韩宫的旧影还深深地铭记在泉州人民的脑海里，不断感动着一代代的人。

韩琦还真是争气，“既长，能自立，有大志气。端重寡言，不好嬉弄。性纯一，无邪曲，学问过人”。天圣五年(1027)，韩琦弱冠之年考中进士，此后虽小有坎坷，但也算是一路青云直上。现在，位居宰相重职。

韩琦的府邸比欧阳修家看起来要阔绰许多，苏洵无暇细看，在下人的引领中穿厅过廊来到后花园，俨然就是一个菊花园啊：这里的菊花，有的含苞欲放，有的盛开吐蕊，有的似刚出浴，有的尽露精髓。一株株、一盆盆、一丛丛、一堆堆，红的似火，黄的如金，绿的像玉，白的若云。“绿牡丹”，花瓣丰腴，色如翡翠，鲜艳欲滴，惹人喜爱；“帅旗”蕊黄叶阔，外金内朱，如初升的朝阳，宛若菊队之帅；“静女”娇柔妩媚，花瓣如丝，垂发低首。“春水绿波”给人一种平安、宁静、悠缓淡然的舒适感，似温婉恬静的邻家少女；“墨荷”紫中透墨，黄心外露，似生机勃勃的健壮少年……

因为是私宴，韩琦邀请的来宾并不多，只有富弼、欧阳修、苏洵三人而已。都是熟朋老友，大家并不拘束，随意畅谈，恣意酣饮。席间韩琦殷勤有加，大家亦谈笑自若，频频举杯。酒至酣处，天公亦醉，萧萧秋雨撒长天。韩琦诗兴大发，吩咐家丁笔墨伺候，挥毫写出来一首诗《乙巳重阳》：

及第弱冠曾试才，烟云难诉寄金罍。
江湖偏远荆棘地，庙堂居高华锦台。
尝虑家国更漏去，何思华发愁中来。
重阳九九知音醉，笑把新坛争再开。

诗歌流露出达官贵人久居高位、宾朋满座的富贵之气，散发着志得意满之余的淡淡闲愁。酒过三巡，吟诗作赋，轮到苏洵。苏洵本不胜酒力，此时已经微醉酽酽，他端起酒杯，呷了一口，润润喉咙，略加思索，随即口占一首七律《九日和韩公》：

晚岁登门最不才，萧萧华发映金罍。
不堪丞相延东阁，闲伴诸儒老曲台。
佳节久从愁里过，壮心偶傍醉中来。
暮归冲雨寒无睡，自把新诗百遍开。

众人听后，齐声叫好。这首诗和韵韩琦重阳诗，堪称苏洵诗歌的压卷之作，“婉而不迫，哀而不伤”，虽为和韵而似原唱。反观韩琦的诗歌，则原唱而似和韵了。

诗歌首联从他们十年来的交游，一直写到这天的欢宴，概括精炼，内涵丰富。同时，“最不才”和“萧萧白发”几字，看似自谦，实际上则充满了怀才不遇的深深感叹。

颔联从这天的宴会写到五年来的光阴虚度。“不堪”承接首联“最不才”，而“闲”伴诸儒“老”于曲台。“曲台”是指太常寺，因《礼记》有《曲礼》篇，所以专门掌管礼仪制度的太常寺就被称为“曲台”。苏洵编撰《太常因革礼》耗时五年，以自己“王佐之才”而做这种皓首穷经的枯燥工作，苏洵深感虚度年华，固有此叹。

颈联为历代评论家所称赏。重阳节历来都是登高、饮酒、赏花的盛大节日，但苏洵却在愁中度过。“佳”与“愁”的尖锐对抗，又着一“久”字的深化，概括了苏洵三十几年的不得志。“偶傍”二字说明苏洵平日已经少有雄心壮志。“醉中”则表明苏洵在清醒时刻必然真切地感觉到壮志难酬了。而“傍”和“来”又表现出苏洵一直以来“老骥伏枥”、“壮心不已”的豪情。

尾联则设想自己晚归之后，将会反复品读韩琦的诗歌，而睡意全无。戛然而止，余味无穷。“暮”“雨”“寒”三字为诗歌烘托出寒冷、凄清、昏暗的气氛，而“寒无睡”“百遍开”则活化出了苏洵辗转反侧、夜不能寐的哀婉形象。

诗歌吟罢，苏洵早已泪下潸然。韩琦当然知道他内心的凄苦，可又不便明说，便有意把话岔开：“明允，《革礼》既成，实乃大功一件，当是惠及子孙的好事。不日圣上定有赏赐。”富弼也端起酒杯安慰苏洵说：“是啊，明允，姑少待之！姑少待之！”

苏洵渐渐从痛苦的回忆中走了出来，端起酒杯，略一踉跄，马上又尽力站稳。抱歉地说：“失态，失态，望大人见谅。”

韩琦命人将酒重新满上，苏洵又是连饮几杯，宾主其乐融融，苏洵动情地说：“能得到各位大人的青睐，明允实是三生有幸。想我苏洵如今五十有七，行将垂暮，一生抱负，付之东流。幸得各位大人不弃，将明允视为知己。今日明允借此酒一表此心，请大人干杯。”

四人欢饮，觥筹交错，直饮到夜阑方罢。

萧萧秋雨从午后一直没停，虽然不是很大，但也充满凉意。富弼和欧阳修的下人早已在韩琦家的门房等候多时，将醉意朦胧的两位大人接回各自府中。

韩琦已经醉了。韩家的管家安排下人送苏洵回家。走出韩府，秋风一吹，苏洵打了个寒战，酒意醒了一半。他硬撑着下了马车，把车夫打发回了韩府，自己独自在淅沥秋雨中蹒跚地走回位于宜秋门内的南园。

看着父亲冒着绵绵秋雨独自归来，苏辙很是吃惊。忙不迭让妻子史氏打了盆开水，自己又赶紧地找来干衣服给苏洵换上。

“没事，没事，你们去休息吧，去休息吧。”看着为自己担心的儿子和儿媳妇，苏洵不断地安慰着孩子们。看苏洵没什么大问题，苏辙夫妇自去休息了。

苏洵醉眼蒙眬地望着黑漆漆的窗外，没有丝毫的睡意。

夜阑人静，寒雨敲窗。

“佳节久从愁里过，壮心偶傍醉中来”，苏洵低声地吟哦着，仿佛听得见自己那哀婉不平的心跳。

苏洵无法入眠。他独立窗前，推开窗户，任萧瑟秋雨飘洒窗棂，飘洒在他的脸上，飘洒湿了他的衣襟。

苏洵想起了家乡的山水，想起了他的“苏园”，想起了那密密的绕墙苦竹，那荷花遍布的池塘，还有他钟爱的黄荆树……

他想到了自己的过去，想到过世的亡妻，还有那早夭的儿女……

不知不觉中，两行清泪溢出眼眶，滑过鼻翼，跌落脚面……

丹旐俄惊返旧庐

苏洵的骤然离世，震惊了朝野，甚至连英宗皇帝也震惊了，百余十人前来吊唁。光禄寺丞的追谥，实现了苏洵今世的人生追求。

治平三年(1066)的春节，来得比往年早了一些。

凛凛北风吹奏着新年的欢歌，飘飘瑞雪跳动着节日的舞蹈。苏家在南园张灯结彩，迎新纳福。苏轼自去年正月还朝，任职登闻鼓院，又参加了馆阁考试，现就职于直史馆。这是苏轼出任凤翔签判五年来首次在家中过春节。

七岁的苏迈在庭院跑来跑去，穿着奶娘任彩莲缝制的新衣服，兴高采烈地挂灯笼、贴春联、放烟花。看着自己疼爱的孙子承欢膝下，苏洵感到很是满足。

按照宋代过年的习俗，苏洵在春节当天的早晨，前往欧阳修、富弼、韩琦等人府中拜年。老朋友不论何时见面都分外高兴，更何况今天是一年中最为重要的节日。不胜酒力的苏洵也不免多喝了几杯，但是并未大醉。

夜阑兴尽，踏雪而归，听着脚下积雪发出的“吱吱”声，想着两个儿子已经顺利步入仕途，而自己虽说只是一个从八品的小官，但是《太常因革礼》已经完成，而且英宗皇帝很是满意，应该会有所拔擢赏赐，苏家的好日子终于要来到了。苏洵越想越高兴，冬日的寒风，也不觉得那么的刺骨了。

第二天一早，早饭摆好多时，不见苏洵前来用餐。苏轼等了又等，还是不大放心，来到苏洵门前敲了敲门，房中的苏洵含混地应了一声，但并没有开门。苏轼推开房门，只见父亲苏洵紧紧地缩在被中，身体还有些微微地发颤。苏轼摸了摸父亲的额头，额头有些发烫。苏轼赶紧让奶娘任氏去煮些姜汤，又命人赶快去请郎中。郎中来后，号了号脉，说没什么大问题，开了些辛温解表的药方，就离开了。

在苏家人精心侍奉下，苏洵的烧很快退了下去，也不再流涕，但是咳嗽的现象始终没好，晚上咳得尤其厉害。看到父亲身体一直没有好利索，苏轼让父亲在家好好休养，不让他外出走动。苏洵还真的听了苏轼的话，老老实实地待在家中，教教孙子苏迈读书识字。

立春没有苏洵的消息，上元节也没有苏洵的消息，甚至二月二也过了，仍然没有苏洵的消息，欧阳修觉得很是奇怪。这一天，在朝中，欧阳修碰到了苏轼，向他询问苏洵近来的情况。苏轼告诉欧阳修，父亲近日身染小恙，尚未痊愈，一直在家休养。

几天后，欧阳修得空写了一封信——《与苏编礼启》，慰问苏洵，"初闻风气不和，谓小小尔。昨日贤郎学士见过，始知尚未康平，"派人送与苏洵，同时带去了一些慰问品。韩琦、富弼等人，听说苏洵病了，也写信进行了慰问。

春分已过，苏洵的病不见好转，反而觉得身体越来越沉重，越来越虚弱，骨销形瘦，面目已非往日之貌。苏轼为苏洵延请多位京城名医，但也没有说出什么所以然，只是说受风寒之邪外袭、肺气失宣所致，开些通宣理肺的常规药剂。

清明节这天，苏洵将苏轼叫到床前。苏轼明白父亲挑了这样的一个日子和自己谈话是什么意思，还没等父亲开口，苏轼就岔开话题，安慰父亲："爹爹，没事的。俗话说'病来如山倒，病去如抽丝'，您可不能胡思乱想，听大夫的话，按时吃药，好好调养，慢慢地就好了。"

苏洵虚弱地摆了摆手，定了定神，深深地吸了一口气，说道："轼儿，你不用安慰爹爹，爹爹心里很清楚，爹爹这病恐怕是扛不过去了。趁着我现在还清醒，有几件事要安排一下。辙儿现在不在家，你要好好地记下了。第一件事，我这些年来一直研究《易经》，大部分已经写就。但是还有几卷尚未完成，你和辙儿一定要把它完成。各卷纲要就放在书桌左边的抽屉里。"

苏洵喘了喘气，接着说道："第二件事，你大伯、二伯都走了，现在我也快要去找他们了。咱们苏家的子弟一定要团结，互相帮助。尤其是你大伯的几个孩子，大伯不屑科举，你的哥哥、侄儿也是如此。如果有机会，看能不能替他们申请个荫补什么的，也好改善改善他们的生活。"

苏洵有些累了，示意苏轼拿水给他。喝了几口水，歇了一会儿，苏洵说道："第三件事，我过世后，把我和你母亲合葬在彭山老翁泉边。当年你母亲去世的时候，我就在她的墓穴边给自己预留了一个穴位。今生我没能好好地陪伴她、照顾她，还总是让她为我担心、为我操心，来世就让我永远地陪在她身边呵护她、照顾她吧。”

苏洵已经气喘吁吁了，额头上还渗出了微微的汗珠。苏轼也已经是眼含泪花，他一边点头答应着，一边阻止着父亲不要再说下去了。苏洵摇了摇头，接着说道：“还有你的亡妻王氏，跟随你起于艰难，你不能忘了她。她生前你的母亲就非常喜欢她，我过世后，你将她的坟一并迁往眉山，葬在你母亲的坟边吧。”

苏轼的眼泪滴湿了前襟，他哽咽地说道：“爹爹，我知道，我都记下了。你歇息一会吧。”

苏洵点了点头，侧身往下躺。突然，他又想起一件事，抬头对苏轼说：“爹爹一生清贫，也没攒下什么家当。只有那些书画，就留给你和辙儿了。”

苏轼早已泣不成声了，含着泪连连点头。

不久后，苏洵病情加重，逐渐陷入昏迷之中。苏轼急忙致书苏辙，让他赶紧回京。接到苏轼的来信，苏辙连衣服也没来得及换，和时任大名府路安抚使的王䰀请了个假，就星夜赶回京师，但是，仍然没有赶上见父亲最后一面。

治平三年(1066)四月二十五日，一代文豪苏洵卒于京师，享年五十八岁。

苏洵的骤然过世，不仅使苏轼兄弟陷入深深的哀痛之中，也引起了朝野上下的极大震动，甚至整个汴京城都震惊了。“自天子、辅臣至闾巷之士，皆闻而哀之”(曾巩《苏明允哀辞》)。

苏轼兄弟在自家南园搭建了简单的灵堂，汴京城内的达官贵人、文人墨客得知消息的莫不前来吊唁。苏洵灵前，人来人往、络绎不绝。朝中士大夫欧阳修、韩琦、曾公亮、司马光、赵紧、王拱辰、王硅、张焘、郑獬、苏颂、张商英、姚辟、陈襄、曾巩等纷纷前往吊唁。王安石因为为母亲守制外地，没有前来，当然，即使在京，他也未必会来。有人统计，朝野之士为苏洵作哀词铭诔的人达百余十人。韩琦赠银三百两，欧阳修赠银二百两，其他相熟之人也赠送了或多或少的银两，作为吊唁金，但都被苏轼兄弟婉言谢绝了。

苏洵一生襟抱未曾开，作为儿子的苏轼兄弟是了解父亲苏洵的。苏洵不在乎金银钱财，他注重的是个人的人生价值的实现。苏轼知道父亲一生的抱负不在于财物，他有为民报国之志，有经帮济世之才，只是宦海无涯，官阶无梯，最终只是个从八品之官职，于父亲而言，他心有不甘啊！

苏洵的去世，也惊动了英宗皇帝。《太常因革礼》编撰结束，英宗皇帝给《礼书》题写了书名，但是还没有来得及召见编撰人员，苏洵就这样的过世。英宗皇帝觉得非常惋惜，特命宫人赐苏轼兄弟银帛二百两以为治丧费用，并特赠苏洵为光禄寺丞，从六品，并勅官府备船载苏洵灵柩归葬眉山。苏轼兄弟婉拒了银帛，接受了追谥。

苏洵生前，被时人誉为“帝王之师”“王佐之才”，但生前却不为世所用，仅以从八品之职而终。但死后却骤然从从八品升至六品上。如果苏洵黄泉有知，他是该哭呢，还是该笑呢？不得而知了！

苏洵的赍志而亡，令当时的有识之士均感到惋惜，他的老朋友韩琦写了《苏员外挽词二首》：

其一

对未延宣室，文尝荐《子虚》。
书方就绵蕝，奠已致生刍。
故国悲云栈，英游负石渠。
名儒升用晚，厚愧莫先予。

其二

族本西州望，来为上国光。
文章追典诰，议论极皇王。
美德惊埋玉，瑰材痛坏梁。
时名谁可嗣，父子尽贤良。

韩琦在诗中追悔了自己知苏洵之才而未用的自责，感叹了未知老苏走得如此之早的遗憾。韩琦自嘉祐三年以来，一直在朝廷任要职，他是完全有能力使苏洵"稍畅其志"的，但是，为避免朋党的舆论，韩琦一直秉公执政，致使苏洵抑郁而亡。所以，张方平在《文安先生墓表》中说："及先生殁，韩亦颇自咎恨，以诗哭之曰：'知贤而不早用，愧莫先于余者。'"

苏洵的知交欧阳修《苏主簿挽词》写道：

布衣驰誉入京师，丹旐俄惊返旧庐。
诸老谁能先贾谊，君王犹未识相如。
三年弟子行丧礼，千两乡人会葬车。
我独空斋挂尘榻，遗编时阅子云书。

诗歌以贾谊、司马相如的才学比拟苏洵，谓其远超时俗，凌驾于“诸老”之上，表达了欧阳修对朝廷权要们不重用苏洵的不满。同时，欧阳修以陈蕃与徐穉的关系比喻自己和苏洵的关系。现在，苏洵早逝，自己也只能将床榻挂起，任其生尘了。

苏轼兄弟扶父柩和苏轼亡妻王弗的灵位离京归葬。临启程前，敬重苏洵的士大夫纷纷前往送他最后一程，司马光也来了。苏轼兄弟哭着对司马光说：“某将奉先君之柩归葬于蜀。蜀人之祔也，同垄而异圹。日者吾母夫人之葬也，未知铭，子为我铭其圹。”于是司马光应约写了《程夫人墓志铭》。欧阳修、曾巩二人为苏洵写了墓志铭，对苏洵的一生给予了高度而又客观的评价。

载着苏洵和王弗灵柩的官船由汴河入淮河，经安徽水路转入长江，再逆流而上，西归眉山。一路之上，沿途官府迎来送往，安排得当。

治平四年(1067)八月，苏轼兄弟将父亲葬在老翁井边母亲坟旁，在另一侧安葬了王弗。在为父亲守制期间，苏轼、苏辙兄弟在老翁井旁种植了许多松树，苏轼在诗歌中曾说是“手植青松三万栽”，这个数字也许有些夸张，但是，可以想象，苏洵的墓地一定是松柏青翠、流水淙淙的清幽之地。

苏洵的一生，充满了传奇色彩，虽然仕途不畅，但其字字珠玑的文章，奠定了他在历史、文化、文学中不可撼动的地位。《左传》中说“太上有立德，其次有立功，其次有立言”，苏洵以其记录人生感悟的文字而流芳百世。千百年来，人们诵读着那些充满他激情澎湃的文字，那些承载着他理想追求的文章，为苏洵怀才不遇、抑郁早逝而扼腕叹息，也因其眼光独到、思想深邃而感慨良多。苏洵的文字始终直面惨淡的人生，直面脆弱的现实。一个理想的书生，一个不懈的奋斗者，在文字中隐隐约约地闪现着，面向世人凛凛而生。这个人，仿佛从来就没有离开过。

后　记

2012年元旦，给导师毕宝魁先生打电话，祝贺新年。导师很随意地问我，最近忙不忙。其时，大连市政府资助出版的学术著作刚刚出版，省里边的课题也顺利结项，手边的几篇小论文也基本修改完毕，便报喜似的说给导师听了。导师于是顺口问我，有没有兴趣写本小书。说实话，当时真的一愣，学术专著写过几本，但是叙事性的读本，我是真的不知道该怎么写。导师鼓励我，让我放心大胆地写，由他来把关。于是，我惴惴地接下了《苏洵故事》的写作工作。

对于苏洵，我有限的知识也就是文学史课上老师们讲的那些内容，缺乏深入系统地掌握。一月份整整一个月，我认真阅读所能搜罗到的关于苏洵的史料、论著、论文，认真研究，终于将苏洵的大体情况了然于胸，并列出了写作提纲。正式动笔是从二月份开始的。先写了两篇，给导师看了看，得到导师的肯定后，信心大增，竟然也是越写越顺畅了。看着写作计划逐渐接近尾声，贪玩的我还跑到云南玩了十天，真是不思进取呀！今天，2012年4月6日，历时六十六天，终于完成了全部书稿的写作。

在本书的写作过程中，导师毕宝魁先生多次打电话、发邮件进行督促。毕业已经十多年了，还是让导师如此费心，做学生的真是深感愧疚。接受写作任务的初期，正是学期期末，学校工作最忙的时候。学生的毕业论文答辩、监考、批卷，一件事接着一件事。而后随之而来的就是国人最为重视的春节了，真是焦头烂额的。时值广西师范学院文学院的小友黄彦翔同学寒假归来，帮着我翻检史料。在此，一并致谢。

张桂琴

壬辰年甲辰月丁酉日于大连